ルポ「ふつう」という檻

ルポ「ふつう」という檻《おり》

発達障害から見える日本の実像

信濃毎日新聞社編集局

岩波書店

はじめに

「ふつう、そういうもんでしょ」「ふつうさあ」「できるよね、ふつう」……。こんな言葉遣いをしたことはない、と言い切れる人はいるでしょうか。私自身、「ふつう」に使っていました。

「ふつう」を広辞苑で引くと、「ひろく一般的であること」「どこにでも見受けられ、他と特に変わらないこと」とあります。何気なく口にする「ふつう」が、誰かを傷つけ、追い込んでいる。それはどういうことで、社会にどんな背景があるからなのか。記者たちが自問自答しながら問題提起を重ねたのが、私たち信濃毎日新聞が２０２３年１月～７月に連載したキャンペーン報道「ふつうって何ですか？——発達障害と社会」です。

「ふつう」の残酷さにまったく無自覚だった私自身が、１本１本の記事で鋭く問い直されるようでした。

今、「発達障害」と診断される人たちが急増しています。「自閉スペクトラム症（ＡＳＤ）」「注意欠如・多動症（ＡＤＨＤ）」「学習障害（ＬＤ）」。これらの診断名を耳にしたことがある人は多いでしょう。診断を受ける子どもや大人にどう接したらいいのか、当事者はどうすればいいのか、そうしたノウハウを教える本が世にあふれています。

昔も今も発達の特性は人それぞれです。診断されるか、されないかの違いがあるだけで、昔と今で特性がある人の数に大きな変化があるとは思えません。この社会で学び、生きていくために、早めに特性を把握し、的確に対応することの必要性は分かります。しかし、特性のある人が診断を必要とする背景には何があるのか、目の前の現実に対応する仕方を欲する思いは何から生まれるのか……。

取材を始めると、学校や、障害がある子どもたちを放課後などに預かる放課後等デイサービスで、「良かれ」と思う指導が子どもたちを傷つける現実があり、そうした「傷」は大人になってからもうずき続けていました。もちろん、すべての先生たちが子どもを傷つけているわけではありません。しかし、学校や社会が規定するものから外れてしまった人たちが発する痛切な「ＳＯＳ」がある。根っこに目を凝らすと、大人たちの意識の底にある「ふつう」が立ち現れてきました。

深い森の中を歩くような取材が始まりました。

「『ふつう』が呪縛になっている現実、『ふつう』とは何なのかを問い直す方向を模索しよう」

「『ふつう』の側にいる集団、その仕組みや言葉を含む文化が、発達障害の増加を生み出しているのではないか」

「彼ら彼女らの『生きづらさ』の物語を聴くことを通して、人の内面にある『ふつう』を揺さぶりたい」

取材班は取材と議論を重ね、発達障害を切り口に、人の意識や社会の仕組みを掘り込んでいく方向性を見定めていきました。

発達障害に分類される特性は、子どもの頃に現れるとされています。その後の生活や学びのために早期の発見・支援が必要とされ、多くの場合、その特性は乳幼児検診で保健師によって見いだされます。ただ、そこからつなぐべき医療の体制は脆弱です。義務教育に進む際も連携は十分とは言えず、特性に合った学びの場はどこにあるのか、多くの親子が「ふつう」と向き合って立ち尽くし、葛藤の中にありました。

矛盾が詰まっていると痛感したのが、「インクルーシブ(包み込む)教育」をうたっているはずの学校現場でした。

「インクルーシブ教育システム」の推進は2012年、中央教育審議会が打ち出しました。一方で、発達障害だと早期発見される子が増えるのに伴い、義務教育では通常学級から分かれた特別支援学級は増加の一途。特性が発見された子は、「ふつう」の子たちから分けられていくのです。国連は22年、日本の特別支援教育は「分離」教育だとして改善するよう勧告しました。分離の先にある学びの場には、「包み込む」理念とは懸け離れた現実がありました。

放課後等デイサービスの現場では、ビジネス色を強める動きが顕在化しています。法令で決められた専門職員を配置せず、国や自治体が支給する給付費を不正受給する事例が後を絶ちません。取材班は、「もうかる」と開業を持ちかける人物が暗躍する実態にも迫りました。

発達障害を自覚しながら、もしくはそんな自分を認めたくなくて、もがき苦しむ人たちの物語には言葉を失いました。特性ゆえに就職でつまずく人、会社で求められる業務のレベルや人間関係についていけない人。この社会はどこまで、健康で仕事を得て家庭を築くことを「ふつう」のこととして求めるのでしょうか。

デジタル技術や人工知能(AI)は、人により速く、効率的に生きることを求めています。だからと言って、発達の特性を「障害」とし、生きづらい人たちに苦しさの原因と結果を背負わせているだけでは、社会は立ちゆきません。まずは、その生きづらさの根っこにあるものを、当事者も周囲の人たちも「異なもの」とせず、心に置いてみること。そして「聴く」こと。そうすることで、多くの人が感じる生きづらさの背景にある社会の構造、そこにつながる私たちの意識の中の「ふつう」に目を向ける道が開かれるのではないか――。取材班は、希望へのヒントにたどり着きました。

取材にはたくさんの困難がありました。特性がある当事者に対して配慮をしつつ、つらい話を聴かなければなりません。当事者が通う学校や会社への影響も考慮しました。

失敗もありました。ある女性には、家から離れた喫茶店を待ち合わせ場所にしましたが、話を聴くと女性は人混みや雑音のある環境が苦手で、とても疲れさせてしまいました。

4年制大学を卒業し、仕事を続けている記者たちは、自分が多数派であり、自分の中に「ふつう」があることに無自覚ではいられませんでした。自分自身をえぐりながら記事を書いていきました。

「多様性」や「共生」といった言葉が流布し、誰もが肯定するに違いありませんが、現実社会ではそれはいかに心許ないものか。自分が発達障害ではないかと恐れ自死した男性の娘の中学生は、「普通」という言葉への怒りを作文にぶつけました。

「己の『普通』が他の人の人生にどのような影響を及ぼすのか、責任を持って『普通』という言葉を使ってほしい」

痛切な願いを込めたこの問いかけに、私たちはどう答えられるでしょうか。

発達障害者を支えるために必要な制度を安易に「解答」として提示するのではなく、生きづらい物語を「聴」き、心揺さぶられて問いかけ、また「聴く」――。そんな行程をたどった連載には、約300通の投書が寄せられました。発行部数40万弱の信濃毎日新聞にとって、私の経験からしてもこのように大きな反響を頂いたのは、連載が同時代を生きる読者の感覚に響き、何かしらの問題意識を共有してもらえたからだと感じています。

「普通って言える人は、私から見たら絵に描いた幸せな家庭に生まれ育った人です。しかし、そういう恵まれた環境に生まれ育ち、見えるものだけで判断し、どうしてそういう状態になっているのか、どうしてそういう行動をしているのか、という気持ちまで想像できない人が、増えているように感じています」

ある読者は、そうつづりました。

連載キャンペーンを通じ、私自身が再確認したことがあります。発達障害に詳しく、連載でご協力いただいた本田秀夫・信州大学教授が本紙に寄せた大型コラム「思索のノート・いろいろな『ふつう』」で書いてくださった一文です。

「人に相対的な価値で序列をつけ、弱者の価値を低いとみなし、場合によっては社会から排除することも可と考える人は、結局『明日はわが身』となることに気づいてほしい。それは、恐怖しか生まない。能力や障害の有無にとらわれずすべての人に生きる価値があると考えることは、実は大局的に人類全体を守ることでもある」

私たちが目を凝らして見つめるべきことは、社会が「ふつう」とする物差しに合わせられるかどうか、なのでしょうか。問われるべきなのは、自分は「ふつう」の側にいると思っている一人一人、社会そのものではないのでしょうか。

この本を手に取り、まずは自問自答することから始めてくださる読者がいらっしゃれば、それこそが私たちが願ったことです。

「ふつうって何ですか?」

信濃毎日新聞社取締役編集局長(現東京支社長)
小市昭夫

目次

はじめに

第1章 傷つけられる子どもたち……1
読者の声をたずねて❶「息子よ、幸せな人生だったか」……36
ZOOM UP❶ 発達障害……39

第2章「早期発見」の現場……47
ZOOM UP❷ 特別な支援が必要な子の増加をどう考えるか……68
きらめく世界❶ オリジナルキャラ、広がる物語……72

第3章 インクルーシブ教育の虚実……73

ZOOM UP❸ 日本のインクルーシブ教育システム――「学びの場」の現状は……106
きらめく世界❷ 鮮やかに、描きたいものが連鎖……114

第4章 民間参入の光と影……115
読者の声をたずねて❷ 放課後デイに振り回された娘……135
きらめく世界❸ 踊る、楽しむ、この一瞬こそ私……137

第5章 生きる道を探して……139
読者の声をたずねて❸ ありたい「私」、自分が決める……153

第6章 この社会での「自立」……157
きらめく世界❹ 鍵盤に魂を込めて……177
きらめく世界❺ 「旧車」への愛、細部に込めて……178

第7章 「聴く」ことの希望……179

読者の声から見える社会……199

あとがき……219

＊本書に登場する人物の年齢・所属・役職は取材当時のものです。
＊ことわりのない写真はすべて信濃毎日新聞社の撮影によるものです。

第1章 傷つけられる子どもたち

「釣りの師匠」の浅田さん(右)と湖のほとりを歩く翼さん.
湖面を見つめたりふざけ合ったり，穏やかな時が流れた. ➡16頁

子どもの頃に発達の遅れや偏りが現れる発達障害。さまざまな特性を示し、「ふつう」に行動できない子どもを、教育や福祉の現場の大人は時に強く叱り、追い詰めてしまう。本来、その子の特性に合わせた配慮が求められる場所で、なぜそうしたことが起こるのか――。学校が苦しくなって行けなくなったり、自殺念慮を持ったりする子どもの事例を丁寧に取材していくと、大人たちの意識の底にある「ふつう」が浮かび上がってくる。

首に「×」印のカードを掛けられた子

2022年11月中旬の夕暮れ時、長野県南部のファミリーレストラン。飯田市の放課後等デイサービス(※1)の元職員の男性は、約束の時間に数分遅れてやって来た。コーヒーを前に向き合うと、大きく柔和な目で記者を見定めるように見た。そして慎重に言葉を選びながら、当時見た放課後等デイサービスの内部の様子について話し始めた。

男性は前年21年4月に運営法人に就職。別の施設の所属だったが、週3日ほどは放課後デイのスタッフに加わった。すぐに、発達の特性や知的な遅れがある障害児たちに対する職員の叱る言葉、厳しい指示が気になった。

児童福祉法に位置付けられている放課後等デイサービスは、将来の自立に必要な力を養うため、子どもの障害の状態に配慮した計画的な訓練を行う場だ。厚生労働省が定める放課後デイのガイドライ

※1　放課後等デイサービス……学校に通っている障害のある子どもを、放課後や夏休みなどの長期休暇中に預かる施設。2012年4月、児童福祉法に位置付けられた後、発達障害と診断される子の増加に伴い急増した。自立に必要な力を養うため、その子の心身の状態や環境に合った個別の計画を立て、遊びや創作活動、学習を取り入れた活動を行う。事業所は、申請に基づき都道府県や政令市、中核市が指定。運営費は、原則として保護者が1割を負担し、残り9割を国・自治体が支給する「障害児通所給付費」で賄う。

ンには、施設の「基本的姿勢」として「発達支援を通じて、子どもが他者との信頼関係の形成を経験できることが必要」とあり、「この経験を起点として、友達とともに過ごすことの心地よさや楽しさを味わうことで、人と関わることへの関心が育ち、コミュニケーションをとることの楽しさを感じることができるように支援する」と書かれている。

だが、飯田市のこの施設ではコミュニケーションの楽しさを感じられるどころか、職員の叱責や怒鳴り声が飛んでいた。

「なにやってんの！」

「なんで分からないの」

「言ったでしょ！」

「子どもの安心を奪い、傷つける可能性がある言動は福祉の場ではするべきではない」――。男性はすぐに違和感を抱き、施設で目にし、聴いたことを記録し始めた。

「度を越している」と思った一つが、発達障害がある流星君(10、仮名)の首に掛けられたカードだ。縦5センチ、横10センチほどの大きさのカードだった。送迎の時間を職員に繰り返し質問しない、部屋では走り回らない――といった「約束事」が、手書きで3つほど書かれていた。約束事が守られないと、職員が「×」を記した付箋をカードに貼った。

流星君は知的障害に加え、発達障害に当たる注意欠如・多動症(ADHD)と自閉スペクトラム症(ASD)の症状もある。放課後デイが終わって家に帰る送迎の時間を職員に何度も尋ねたり、自分のタイミングでおもちゃ遊びを始めたり。走ってはいけない場面で突発的に走り出してしまうことがある。

「×《ばっ》がついちゃうよ」

男性は、若い職員が流星君に向けて、そう声をかけているのを聞いた。施設を利用する他の子にも「伝染」し、職員をまねて「×だよ」と流星君に言う声も耳に入った。流星君は困惑した表情を浮かべていた。

同じ頃、放課後デイで子どもと職員が交わした音声を、男性は録音していた。子どもの声は流星君だ。流星君が床に落ちていたプリントを踏んだことを、職員が強い口調でとがめている。

職員　なんで踏んだの？　わざと踏んだの(を)見ていたの。
流星君　2枚落ちていたから…。
職員　2枚落ちていたら踏んでいいの？
流星君　駄目…。
職員　なんで駄目なことやるの！

職員の鋭い声に答える流星君の声はか細い。

他にも、こんなことがあった。

ダウン症の子の横に、別の子がカバの絵本を並べて「似てる」と言っているのを見て、職員が同調して笑う。突然の予定変更や臨機応変な対人関係が苦手な自閉スペクトラム症の子に対し、職員が背後から驚かせてからかう。おもちゃをバラバラにした子の足を職員が持ち、「○○ちゃんの足も取ってあげようか」と言う……。

就職してまだ1週間ほどしか経っていなかったが、男性は法人の代表に向き合い、違和感を直接ぶつけた。

「(障害児に向けて)『さっき言ったでしょ、なんで分からないの！』と何度も叱っている。職員に余裕がなく、子どもがびくびくしている印象があります」

2021年4月8日 19:12

虐待
衝動性の高い子に「さっき言ったでしょ、何でわからないの！」「走らないで！」と発言
多動性の子に「静かに遊んで！」「食休でしょ！」と発言
間抜けなカバさんの絵本とダウン症の子を並べて「似てる！」と笑う（4月2日金曜日）
滑舌の悪い子の言葉真似を頻繁にする
言葉の揚げ足をとって笑う4月3日
くすぐって遊ぶ中で「やめて」と言ってもやめない。4月3日
「ねーー！！」「だから！」「なにやってんの！」「〇〇って言ったでしょ！」など言葉が強い
注意されがちな子に約束カードを作り、首からかけてバツをつける。（4月5日）
自閉傾向の強い児童を後ろから近づいておどかす。→ビクビクするのを笑って楽しむ。
おもちゃの手足を取って遊んでしまう幼児に、キツく怒鳴り続ける。抱え込んで「〇〇ちゃんの足も取ってあげようか」といい脚を掴む。
後ろから服を捲り上げて「シャツ出てる」など子どもたちがビクビクしている。
片付け忘れたハンカチをとる。机の上に置いておくがそれを子供が気づいてポケットに入れると「盗んだ」と言い、他職員も泥棒だよという。
おやつを食べない児童に食べることを強要し、3人の職員で囲む。

元職員の男性がスマートフォンに記録したメモ.

代表は共感を示しながら言った。

「(職員の)言葉遣いのひどさは以前からあって、注意して一時は直っても繰り返している」。そして続けた。「一から変えていきたいと思っているの」

だが、その後も職員による叱責やからかいは続いた。そして12月、男性は施設の中である場面に遭遇する。発達障害がある子が四つんばいになって額を床に付け、あぐらを組んだ職員が、その子の背中を机代わりにして連絡帳を書いていた。男性はスマートフォンでその様子を撮影した。

男性は大学時代にアルバイトで保育に携わり、卒業後は児童養護施設に勤務したこともある。この放課後デイで起きていることに耐えられなくなり、退職。年明けの1月、施設で目にしたことを市に

通報した。

通報の結果は

当初、市福祉課の担当者は取材に対し、「個別のケースには回答しない」とした。だが取材が進むにつれ、市は、この施設であったことを暴言や不当な差別的言動などの「心理的虐待」と判断し、県に報告したことを認めた。

障害者虐待防止法は、障害者虐待とは「障害者に対する著しい暴言、著しく拒絶的な対応又は不当な差別的言動その他の障害者に著しい心理的外傷を与える言動を行うこと」などとしている。同法によれば、福祉施設などで虐待があったことの通報を受けた市町村は、都道府県に報告しなければならず、市はこの手続きに沿った対応を取ったことを認めたのだった。

だが、男性が市に伝えた約20件の出来事のうち、何を虐待と認定し、被害を受けた子が何人いるかなどの詳細については、市は「答えられない」とした。そして、県の障がい者支援課の担当者は、「県による指定の取り消しなどの行政処分をすれば公表するが、そうでなければ公表しない」とし、市から虐待事例として報告があったことすら取材に認めなかった。

取材班の記者がこの放課後デイでの出来事を知ったのは、ある関係者からだった。こうした事例が起きても公にならないことに、この関係者は首をかしげ、複雑な思いを吐露した。取材班は市に通報した男性を探した。記者は福祉関係者に当たり、細い糸をたぐるようにして男性にたどり着き、話を聞いた。そして、この放課後デイを割り出した。

一連の事例について、運営法人の代表が最初の取材に応じたのは、22年の年の瀬が迫った12月中旬。代表は「21年春前後の流星君は、いつも以上に情緒が不安定で、落ち着きのない行動が目立っていた」と説明した。そして言った。「一部、その状況だけ見れば不適切な関わりがあったのは事実。でも、どんな子どもとの関わりにも理由がある」

代表によると、言葉での指導を忘れてしまう流星君への関わり方について、職員5人で検討した。その中で出た案が、「×」の付箋を付ける「約束カード」だった。カードを首に掛けたのは、言葉で伝えるよりも流星君が「自分で確認でき効果が表れやすい」と考えたから。ただ、カードの導入後も流星君の不安定な状態に変化はみられなかったという。

ある日、流星君の学校の教員が「(約束カードに貼るのは)〇印の方がいいかもしれない」と、職員の一人に指摘したという。そこで職員は、約束を守れたら笑顔のキャラクターのスタンプを押すシートに切り替えた。同じ頃、投薬を始めたこともあり、流星君の言動は落ち着いていったという。

だが、元職員の男性が指摘したその他の事例について、代表は否定したり、はぐらかしたりした。「現場職員に聞き取りをした結果」として、自閉スペクトラム症の子を背後から驚かせた件は「確認できなかった」とした。カバの絵とダウン症の子を見比べて職員が笑った件は、「笑ったかもしれない」

そして、四つんばいの子の背中で職員が連絡帳を書いていたこと。代表は「不適切だった」としつつ、「床で連絡帳を記す職員に子どもが関わりを何度も求めてきた。その子の承認欲求を満たしてあげるために渋々(背中で)書いた」と説明した。その回数は「1、2回かな」

代表は一部の事例を認めた一方、その認識は通報した元職員の男性が見聞きしたものとは食い違いがあった。記者は3日後に再度、代表に取材。代表は「私も現場を見ていないから、分からない部分がある」と言った。

男性は必ずしも積極的に記者に話し、施設を糾弾することを望んでいたわけではなかった。四つんばいの子の背中で職員が連絡帳を書いている写真を見せてもらった記者は、「この写真を新聞に掲載させてほしい」と頼んだ。この写真は、施設の職員と子どもの関係を一番端的に示していると考えたからだ。だが、男性は首を縦に振らなかった。「写真を新聞社に提供したら、私は彼ら(職員)が流星君にしたことと同じことをすることになる」。男性はそう言った。

記者は男性に電話し、代表への取材結果を伝えた。男性の声は震えた。「僕一人だけが、子どもが傷ついていると感じた『変なやつ』にされている」。事例を通報した飯田市福祉課からも、心理的虐待と認定したとの知らせはない。これが児童福祉の「ふつう」なのだろうか。「ふつう」に邪険にされ、孤立する――。

「悔しい…」

男性は弱り切っていた。

「施設がつぶれたら困る」

記者が昼休みに学校を訪ねると、流星君は紺色のジャージーにキャップをかぶり、校庭で元気に遊び回っていた。好奇心に満ちた丸い瞳を輝かせ、ジャングルジムをくぐり抜ける。友達を追いかけていたと思えば立ち止まり、先生の名前を繰り返し呼んでは白い歯を見せる。

「おじさん誰なの？　ねえねえデゴイチ（D51形蒸気機関車）知ってる？」。腰をかがめた記者の背中に、流星君は人懐こく抱きつき、尋ねてきた。次の瞬間、先生の姿に気付くと、先生に向かって走り出した。

流星君には知的障害と発達障害がある。発達障害の症状には、突発的な行動をとる注意欠如・多動症に加え、言葉による意思疎通や臨機応変な対人関係が苦手な自閉スペクトラム症の傾向が重複してみられる。

流星君は母親の紀美子さん（仮名）と妹の3人暮らし。「一見、流星はふつうの子に見えるんですけどね」。紀美子さんによると、流星君は物事を何度伝えても忘れてしまったり、いつもと予定が変わるとかんしゃくを起こしたり。人との物理的な距離をつかむことが苦手で、学校で友達に近づきすぎて「やめて」と言われることもある。

そんな流星君は、その後もあの放課後デイに通っている。

流星君が「×」印の付箋を貼った「約束カード」を首に掛けられたことについて、紀美子さんは「×のカードが良かったとは思わないけれど…」と言葉をつないだ。「ふつうの社会で自立していく将来を見据えると、どうしたって厳しい口調で流星を怒ってしまうことが、私にもある」

紀美子さんは現在、食品メーカーで働いている。平日の勤務時間は午後6時15分まで。流星君を7時まで預かり、自宅に送り届けてくれる放課後デイの存在は心強い。心理的虐待が行われていたにせよ、「施設がつぶれたら困る」と言い、施設への感謝を口にした。

放課後デイは、市に再発防止に関する報告書を提出した。それによると、通報のあった年の4月以降、職員は研修会に参加し、障害者虐待防止法と支援者の役割を学習。虐待事例などについて意見交換し、子どもとの接し方について共有したという。

心の傷を巡る断絶

3回合わせて7時間半に及んだ運営法人の代表への取材の中で、代表は「一部、不適切な関わりがあった」とした一方、子どもの心に「傷」を負わせたかどうかについては、首をひねった。「傷、という言葉がよく分からない」と代表は言った。職員に聞き取りをしたが、流星君が困惑した様子を見せたという職員はいないし、四つんばいになった子の背中を机代わりにして職員が連絡帳を書いたケースも、その子自身が背中で書いてと求めてきた——。「傷つけてはいないと思う」

これに対し元職員の男性は言う。「心に負った傷は、将来どんな行動となって現れるか分からない。だからこそ、傷つける可能性がある強い言動は避けるべきだ」

両者の間には、「傷」を巡って深い断絶があった。

放課後デイの職員たちには、突然走り出したりせず、集団に合わせて行動できる子が「ふつう」で、ふつうにできない子を叱ってばかりいた。だが流星君にとって、好きな時に走ることや、同じ質問を何度もするのはふつうのことだった。

3回目の取材の終盤、時計の針は午後11時を回っていた。

職員の一人が、これまでの子どもたちへの接し方を振り返り、「私たちが考える社会のふつうに(流星君を)寄せた方が、本人にとってきっと生きやすいと無意識に思っていた」と言った。「その方が私たちも支援がしやすいし……」

子どもを社会の「ふつう」に近づけよう、「矯正」しようとする大人の心理。それが、顔をのぞかせた瞬間だった。

教訓を生かせるか

飯田市は23年1月、信濃毎日新聞が放課後デイで起こった一連の出来事を報道したことを踏まえ、四つんばいの男児の背中で職員が連絡帳を記したことと、流星君の首に「×」の付箋を貼った「約束カード」を掛けた2つの事例を、心理的虐待と判断したと認めた。

一方、県は、事業所に対し指定取り消しなどの行政処分をしていないことを理由に、事例があったことを認めない姿勢を崩さなかった。「指定取り消し」とは、放課後デイの場合、悪質な法令違反などで児童福祉法に基づき事業者の指定を都道府県が取り消すことを指す。障がい者福祉課は、指定取り消しは「最後の手段」という。つまり、それほど悪質なケース以外には事業者名などの詳細を公表することはないということだ。

障害者虐待防止法は、障害者虐待の状況や施設の種別、虐待を行った職員の職種を公表することとしているが、事業者の名称や場所、発生の要因までは公表を求めていない。

だが、これで差別や虐待の教訓が社会に共有されるだろうか。発達障害は見た目には分かりにくい特性があり、所属する集団の中で生きづらさを感じる人が診断される。こうした子どもの増加に伴い、全国で放課後デイの数が増え、虐待件数も増加している。

虐待が起きた施設の中で職員にはどんな心理があったのか。職員は子どもたちと日常的にどう関わっていたのか。職員同士でどんなやりとりをしていたのか。今の仕組みでは、虐待の犠牲者が出てもなお、ブラックボックスのままだ。障害者虐待に詳しい藤岡毅弁護士は「放課後デイは法律に基づき公費で賄われている。そこで子どもを心理的に傷つける行為があったと判断したならば、行政は被害者のプライバシーに最大限配慮した上で公表するべきではないか」と指摘する。

「子どもを傷つけてはいないと思う」。再発防止に取り組みながらも、放課後デイの代表はそう言った。この放課後デイをこれから利用する子どもや保護者は、ここで何があり、その後どう改善されたのかを知りようがない。

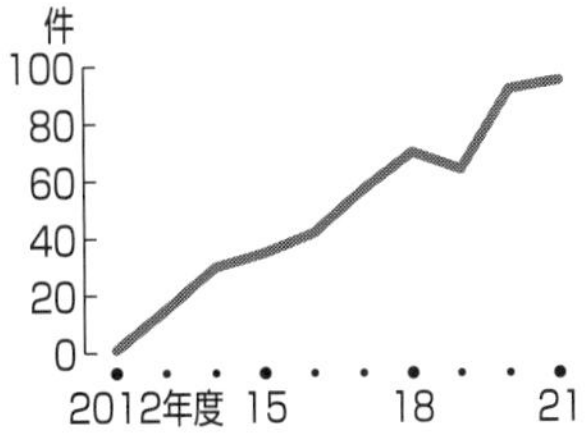

全国の放課後等デイサービスでの虐待件数
（厚生労働省まとめ）

突然の息子の訴え

２０１９年５月下旬の朝。靴を履く息子の手が止まった。うつむいた頬に涙が伝っていた。佐久市に住む恵子さん(50、仮名)が、登校を渋る当時中学１年の息子の翼さん(15、仮名)に、「何か困っていることがあるの？」と玄関で声をかけた時のことだ。

翼さんの肩が震え始めた。

「小学校の頃から学校に行きたくなかった。言いたくても、ここまで出かかっているんだけど、言えないんだ！」

翼さんの家の玄関．中学１年の５月，翼さんはためこんだ感情を爆発させた．

息子は全身で、ためこんだ感情を爆発させた。

恵子さんは驚いた。翼さんが学校に行けなくなる理由にまったく心当たりがなかったからだ。

普段から口数の少ない翼さんは、この日から学校に行かなくなり、自室にこもることが多くなった。昔から人前で発表することや、対人関係が苦手な子だとは感じていた。当時、小学校の教員だった恵子さんは、翼さんを苦しめているのは「発達の特性」ではないかと直感した。約2カ月後、翼さんを伴い地元の心療内科を訪ねた。

医師の診断は、特定の状況で不安や恐怖を感じて話せなくなる「場面緘黙《かんもく》」。そして、「その背後に対人関係が苦手な自閉スペクトラム症が疑われる」と言われた。紹介された県立こども病院で、翼さんは自閉スペクトラム症と診断された。臨床心理士は付け加えた。「翼君はＰＴＳＤ（心的外傷後ストレス障害）になっている可能性があります」。学校で何があったんだろう――。疑念が膨らんだ。

恵子さんはやりがいを感じていた教員の仕事を辞め、翼さんに寄り添う時間を増やすことにした。中学校に出向いて担任や部活の顧問と話し合った。だが、1カ月余通った中学校生活の中で、翼さんが不登校になる原因は浮かばなかった。

少しずつ落ち着きを取り戻した翼さんは、日中を居間のソファで過ごすようになった。ある日、少し離れたダイニングテーブルから、恵子さんは尋ねた。

「小学校で何かあったの？　先生に何か言われてたの？」

「言いたくない」

語気を荒らげて答えた翼さんに、恵子さんは「何があったの？」とさらに詰め寄った。すると翼さんは、泣き叫ぶようにして言った。

「『なんでしゃべれないんだ』って言われていた小学校のような思いは、もうしたくない」

心の傷は思ったよりも深そう――。恵子さんは「もういいよ。ごめんね」と、謝るのが精いっぱいだった。

翼さんは中学を卒業し定時制高校に進学したが、不登校は続いた。無口で、小学校での出来事は相変わらず何も話さないまま。恵子さんも話を切り出せなくなった。


不登校になって約3年半が過ぎた22年12月。恵子さんは意を決して、翼さんの小学5・6年の級友だった颯太さん(15、仮名)を喫茶店に呼び出した。翼さんはこの冬、通信制高校への転学を決めていた。「この機に事実をしっかり受け止めたい」と思った。

颯太さんによると、5・6年の担任だった30代の男性教師が、翼さんを「標的」に厳しい指導を始めたのは6年生になってから。国語の教科書の内容について意見発表する授業で、人前でしゃべるのが苦手なのを知りながら翼さんを指名し、教室の前で発表させたという。「翼は、作文を手に顔を真っ赤にして固まってしまう。制限時間が迫ると泣いていた」

教師は指をさしながら翼さんに近づき、「なんでしゃべれねえんだ！」と怒鳴った。休み時間になっても翼さんは席でふさぎ込んでいた。声をかけられる雰囲気ではなかったという。

颯太さんはさらに言った。「人目につきにくい視聴覚室に、翼は週1回ぐらい呼び出されて怒られていた。けれど、何をされていたかは分からないです」

颯太さんの話を努めて冷静に聞いた恵子さんだったが、帰宅後は涙が止まらなかった。いら立つ教師の大声と、級友の冷たい視線を一身に浴びる翼さんの姿が目に浮かんだ。

視聴覚室でどんな「指導」があったのか——。「あの人に頼るしかない」。翼さんが「釣りの師匠」と慕う浅田さん(50、仮名)に連絡を取った。

明かされた執拗な「指導」

1週間ほど経った日の昼。翼さんは浅田さんが運転する軽ワゴン車に乗っていた。

対人関係が苦手な自閉スペクトラム症と診断されている翼さんは中学の初めから不登校になり、自室にこもりがち。ハンドルを握る浅田さんは、「ある質問」を切り出すタイミングをうかがった。

翼さんは、浅田さんを小学生の頃から「釣りの師匠」と慕う。不登校になってからも一緒に釣りに出かけ、自営業の浅田さんの仕事を手伝い、家族以上に心を許している。「学校に行かなくなった原因を聞き出してほしい」と、母親の恵子さんに頼まれた浅田さんは、この日、仕事場のアルバイトをしてほしいと翼さんを誘った。

「なんで、学校に行きたくなくなった(ん)だい?」。車中でそっと問いかけた。翼さんは「先生…」とぼそっと言い、頭を抱えた。

「先生に指で胸のところを何回もバーンと突かれた。誰も見ていない視聴覚室に連れて行かれて、一対一でやられた」

小学6年の担任だった男性教師は、人前で発言するのが苦手な翼さんに執拗《しつよう》な「指導」をした。場面緘黙の症状もあり声が出なくなる翼さん。視聴覚室で「なんでしゃべれねえんだ、ばかやろう！」と、怒鳴られたと振り返った。

翼さんは3年半余に及ぶ不登校の理由を初めて明かした。

「つらかったな…。ありがとな」。浅田さんは優しく言った。

浅田さんの話を聞いた恵子さんは、話すのが苦手な翼さんに視聴覚室での「指導」について、紙で質問してみることにした。選択式で「○」を付けて答える質問をパソコンに打ち込んだ。Ａ４判の紙で2ページ。居間にいた翼さんに渡した。

翼さんは無言で受け取るとすぐに記入し、テーブルに紙を残して自室に戻っていった。恵子さんはあふれる気持ちを抑えてのぞきこんだ。翼さんの答えから浮かび上がったのは、こんな様子だ——。

担任と視聴覚室で一対一になるのは5～15分。指で小突かれたのは10回以上。体がふらついた。「なんでしゃべれねえんだ」「泣いてるんじゃねえよ」「弱虫」「甘えるな」「ずるいんだよ」などと怒鳴られた。

恵子さんは、息子がこれまでよく生きていた、と思った。いつも口数が少なく、反抗的な態度でいる翼さんとのスキンシップは少ないが、それでもこの時は、抱きしめたいと強く思った。同時に、何も気付いてあげられなかった自分への呵責の念がこみ上げた。

「なんとかみんなと同じように」

記者は、当時翼さんの担任だった教師が現在勤務している小学校を訪ねた。

こわばった表情で現れた男性は、最初に「私個人として取材に応じます」と覚悟を決めた様子で言った。学校の幹部は、男性に取材を受けるべきではないと言ったようだが、男性は自分の判断で取材に応じることにしたという。

男性は、翼さんに自閉スペクトラム症の特性があるとの認識はなかったという。だが、「しゃべるのが苦手というのは分かっていた」。厳しく指導した理由について、「なんとかみんなと同じように、しゃべれるようにしてあげたいという思いがあった」と言った。

男性は、教師であると同時に、あるスポーツ競技に熱心に関わっている。保護者の中には「体育会系の熱血教師」として評価する人もいた。男性は中学生の頃から部活動に入れ込み、当時体罰を含む厳しい指導を受けたという。「それに耐え切るのが正しいことだと教えられてきた。今の時代にあり得ないのは分かっている。でも、ふとした瞬間に出てしまった」と省みた。

自分は恩師に叩かれ、怒鳴られて成長した。だから、自分の教え子にも同じことをしても構わない――。翼さんを「みんなと同じように」、つまり「ふつう」にしてあげるために、男性の行動は自身の体験を踏まえた、ごく自然な思考の表れだったのかもしれない。だが、その行動は世代を超えた体罰の連鎖と言えるものでもある。その結果、一人の若者の人生が大きくねじ曲げられた。

翼さんを今も苦しめている心の傷――。それは不登校とひきこもりにつながっている。その現状を伝えると、男性は言った。

「傷つけたのは大変申し訳ない。自分のせいでそうなっていると思うと、情けない」

「子どもが中心になっていなかった…」。そうつぶやくと、沈黙が流れた。

翼はまだ自分を責めている

恵子さんは翼さんに向かい、翼さんの記事が年明けの1月に新聞に載ることを伝えた。その時、翼さんは鋭い剣幕で言った。

「記事になったら、先生の子どもはどうなるの！」

恵子さんはたじろいだ。

「先生のことは嫌いだけれど、子どもは関係ないって。かわいそうだよ」

思いも寄らない発想だった。翼さんは、記事になることで教師の家庭に影響が出て、子どもがつらい目に遭うのではないかと心配したのだ。

でも、恵子さんの胸には「翼がやられたことに比べれば…」との思いがよぎった。不登校になってから3年半、修羅場のような出来事が走馬灯のように頭に浮かぶ。不登校になり、玄関先で「死にたい」と叫んだ翼さん。反抗期も重なり、包丁を持ち出したり、殴られたりしたこともあった。次の瞬間、はっと気付いた。「この子、まだ自分を責めてるんだ…」

自分が教師にされたことの原因は、「ふつう」にできなかった自分のせい――。翼さんの心の奥を垣間見た恵子さんは、部屋に戻る息子の背中を見つめながら、心の傷の深さを痛感した。

小学校の頃に翼さんの身に起きたことを知った恵子さんは、その後、気付いてあげられなかった自分を責めて、数カ月間落ち込んで過ごした。6月のある日のこと、珍しく翼さんと会話が弾んだ機を逃さず、恵子さんは伝えたかったことを口にした。

「翼は悪くないんだよ。お母さん、助けてあげられなくてごめんね。これまで生きてくれて、ありがとう」

言いながら涙があふれた。

翼さんは真剣な顔でその言葉を聴いていたという。

床に書かれたSOS

不登校の子どもたちが通う民間施設。2022年12月下旬、真里菜さん(14、仮名)は横長のテーブルに肘をつき、真剣な表情で携帯ゲーム機を操っていた。NPO法人が運営するこの場所に、真里菜さんは夏から通っている。

「担任の先生に朝から怒られていた」「ニコニコしていれば居場所はあると思って我慢していた」……。ゲームをしながら、あるいは絵を描きながら、真里菜さんはふと、小学校の頃のことを口にする。スタッフはその言葉を受け止めつつ、詳しく聞こうとはしない。自閉スペクトラム症の子は、つらい記憶を思い出すことで、もう一度苦しめられることがあるからだ。

小学校の頃の真里菜さんは、休み時間に読書や絵を描くことに夢中になるとやめられず、次の授業に間に合わなくなった。「遅い」「早くして」——。クラス全体の動きから遅れがちで、担任の教師にたびたびせかされた。

父親の達郎さん(52、仮名)は、3年の音楽の授業参観の際、担任が真里菜さんの隣にずっといたのを覚えている。グループごとの発表を姿勢良く、静かに聞く児童たちの中で、娘の肩や頭は揺れていた。担任はそのたびに肩に手を置いて注意していた。

「一度受診してください」。担任にそう促され、4年生の秋に医療機関で自閉スペクトラム症と診断された。4年生の終わり頃には学校を休みがちになった。

5年生からの担任も、真里菜さんができないことへの注意を続けた。「もう5年生なんだから、これくらいやらなきゃ」。繰り返し言われた真里菜さんは、5月の大型連休明けには「学校行きたくないな」と漏らすようになった。通常学級に入るのが難しい子が過ごす特別教室で過ごしたり、学校を休んだりした。

真里菜さんは給食だけはクラスで食べていたが、6月初旬、その給食を巡りトラブルが起きた。真里菜さんはこの日、献立について校内放送でアナウンスする当番だった。当番を終えると昼食時間は残りわずかだった。特別教室で食べたいと言ったが、担任はクラスの教室で食べるよう求めたという。

結局、真里菜さんは給食を食べられずに帰宅。両親が学校に問い合わせると、担任は「真里菜さんが食べないと決めた」と説明した。この日を境に、真里菜さんは通常学級に足を踏み入れることはなくなった。

その頃のことだ。達郎さんが自宅のリビングを掃除していると、カーペットがめくれた拍子にフローリングの床に書かれた文字が目に入った。板の1枚に黒の油性ペンでこう横書きされていた。

「私がいてもみんなにめいわくかけるばっかり。もう死にたい」

真里菜さんは家でも宿題と格闘していた。苦手な算数は「分かんない」と怒って鉛筆でぐちゃぐちゃに線を引いては消しゴムで消し、また取り組んでいた。学校のルールや集団行動に苦しみ、できない自分を責め、「限界の状態」だったのだろうと思う。

真里菜さんは家でよく小学1・2年の頃のクラス担任にもらった年賀状や手紙を出しては眺めていた。そこにはこんな言葉が書かれていた。「真里菜さんの笑顔は最高だよ」——。真里菜さんは、この先生の言葉に励まされながら、何とか学校での居場所を探そうとしていたのかもしれなかった。

小学校の元幹部は

真里菜さんは中学校には登校していない。真夜中にリビングで達郎さんと2人きりになった時、「みんなに迷惑かけてる。死にたい」とつぶやいた。「でも、お父さんは死んでほしくない」。達郎さんは精いっぱいに、そう伝えた。

真里菜さんのこれまでをたどると、「みんなと同じことをしないといけない」という学校の要求が、発達の特性への配慮がないまま続いていた様子が浮かんでくる。その構図は翼さんの場合とよく似ている。記者は当時の学校関係者を探した。

「資料も手元にない。個別のことは話せない」。当時の小学校の幹部職員だった元教員は取材に応じて、そう言った。記者が真里菜さんの現状を伝えると、元教員は時折頭を抱えたり、両手で顔を覆ったりしながら言葉を慎重に選んだ。取材は3時間に及んだ。

元教員はこの時、地域の人権擁護委員を務めていた。人権擁護委員は、人権擁護委員法に基づき法務大臣の委嘱を受けて全国に配置されている。法律には、委員の「使命」についてこう書かれている。「国民の基本的人権が侵犯されることのないように監視し、若し、これが侵犯された場合には、その救済のため、すみやかに適切な処置を採るとともに、常に自由人権思想の普及高揚に努めること」

「その時の環境や（教職員の）人材の中で、真里菜さんにとって居心地が良くなったらいいなと考えていた」と元教員は言った。「でも今、死にたいとまで思っている……」。そう言うと眉間に皺が寄り、言葉は途切れた。

「自主退学」の勧告

校舎の窓の外で、セミたちが競い合って鳴いていた。2018年8月下旬の夕方、県南部のある県立全日制高校の会議室。当時2年生の桐生青空《そら》さん（20）と母親のなおみさん（50）、青空さんの兄の3人は、学校に呼ばれ、長テーブルを挟んで校長ら4人の教員と向き合っていた。約10分間、校長は用意した文章を淡々と読み上げた。内容は、青空さんに「自主退学」を勧告するものだった。

「青空さんのパニックに対する『合理的配慮』は対応困難で、生徒や教員の安心、安全が確保できない」

青空さんは小学4年生の時、注意欠如・多動症と自閉スペクトラム症の診断を受けた。パニックになると物を殴る上、自傷行為をしてしまう。

話し合いが始まって約30分。青空さんは椅子から立ち上がり、会議室を出た。なおみさんが後を追うと、駐車場の車の影で青空さんは自分の頬を拳で殴っていた。目の前でパニックを理由に退学を迫られ、自分を責めていた。

なおみさんは教師たちに向かって叫んだ。「こうなることは分かっていましたよね！」

元々の障害に加え、二次障害としての自傷行為が青空さんに顕著になったのは小学5年生の頃。学校での出来事で不登校になったのがきっかけだった。血が出るまで顔を殴り、腫れる。鼻や口から血がしたたり、シャツを染めた。何度も歯列矯正をした。

小学校高学年と中学では特別支援学級(※2)に通学した。志望した高校は不合格だったが、再募集で友人が受験する高校を一緒に受けて入学した。

高校の入学時には同校に診断書を提出し、突然予定と違うことがあったり、ストレスがたまったりすると自傷に走ることを伝え、クールダウンができる場所を求めた。同校は保健室の利用を認め、選択授業の教室も保健室近くにした。

1年生の時はパニックが7回。教員に暴言や唾を吐きかけてしまったこともあった。「自傷を見てショックを受ける生徒もいる」。生活指導の教師は、厳しさもあったが青空さんに冷静に話をし、パニックの対処法を一緒に考えてくれた。

だが2年生になると、異動で教員の顔ぶれが変わり、青空さんは教員の態度が厳しくなったように感じた。不安になり、自傷の回数も激しさも増した。7月の文化祭で、バンド演奏でギターを弾く予定だったが、仲間の一人が停学処分になった。上級生のバンドに加わることになって不安が増し、文化祭初日に自傷。出演できなかった。

翌週、なおみさんが学校に呼ばれ、主治医の意見も踏まえて対応を確認した。だがその後、青空さんは「死んでやる」と叫びながら頭を鉄柱に打ち付けた。これが自主退学勧告の引き金となった。

家族が学校に呼ばれた8月。青空さんに「自主退学」を勧めた校長と教頭は、「職員が青空さんのパニックを抑えることができない」「全日制普通校の限界」と説明した。3時間半、押し問答が続いたが、結論は出なかった。

16年施行の障害者差別解消法は、公立学校に対し、障害者から「社会的障壁」を取り除いてほしいという意思表明があった場合には、負担が過重でない時は社会的障壁を除去する「合理的配慮」を義務化した(24年4月から私立学校にも義務化)。なおみさんは、教職員の人手不足で青空さんに合理的配慮ができない、という説明には納得できなかった。「発達障害だから学校を辞めてくれと言われたのと一緒だ」

片道80キロの通信制高校に「転学」

弁護士費用を立て替える日本司法支援センター(法テラス)の制度を使い、なおみさんは18年9月初旬に弁護士に相談。翌月に青空さんとなおみさんは、弁護士事務所で校長と教頭に対面した。ここで2人は、「誓約書」にサインをした。パニックになっても人前で自傷行為をしないこと、他人を傷つ

※2　**特別支援学級**……小中学校や高校に障害のある子がいて、通常の教育課程での学習や学校生活が難しい場合、学校はその改善・克服を促す「自立活動」を取り入れた少人数学級を編成できる。1クラスの人数の基準は8人とされ、個別の支援を軸とした授業が行われている。

けないこと、器物損壊をしないこと――などと書かれていた。

よく読めばとても守れるとは思えない内容だった。だが、「何もしなければ学校にいられる」という安堵が勝った。自宅へ帰る車の中で、なおみさんは「これからはキレちゃ駄目なんだよ」と、青空さんに何度も言い聞かせた。青空さんは「分かった、分かった」と言った。

12月中旬の放課後――。青空さんは、格技室の裏でパニックの末に女子生徒を転ばせてしまい、誓約書違反とされた。間もなく、学校にあった青空さんの私物が段ボールに詰められて自宅に配達された。退学届は提出せずに「転学」先を探すことになったが、退学と同じようなものだった。

19年4月から、青空さんは別の高校に通うことになった。そこは、片道80キロも離れた松本市の通信制高校だった。週2回通学する必要があり、青空さんは、県南部の飯田市から県のほぼ中央に位置する松本市まで高速バスに片道2時間乗り、高校に通った。

この学校に来ていたのはさまざまな境遇の生徒たちだった。親ぐらいの年齢の人、ひきこもりがちな人、働きながら学ぶ人……。多様な生徒たちに、教師たちは分け隔てなく接していた。「障害に関係なく自分を見てくれる」ことが、青空さんの安心感につながった。課題を期限内に提出する決まりは厳しかったが、友人の支えもあって乗り切り、卒業できた。この学校で起こしたパニックは1回だけだった。

合理的配慮を巡る相克

記者は、青空さんが辞めた高校の元校長を探し、会いに行った。「青空さんのケースは特殊だ」。元校長は何度も繰り返した上で、「合理的配慮は続けていた」と強い口調で言った。

日本が２０１４年１月に批准した障害者権利条約は、合理的配慮を「障害者が他の者との平等を基礎として全ての人権及び基本的自由を享有し、又は行使することを確保するための必要かつ適当な変更及び調整であって、特定の場合において必要とされるものであり、かつ、均衡を失した又は過度の負担を課さないものをいう」と定義している。その上で、合理的配慮がなされないことは差別であるとした(第５条)。

条約に基づき、日本では障害者差別解消法が16年に施行。文部科学省が同法を踏まえて全国の教育委員会に示した対応指針によると、合理的配慮の具体例として、発達障害などで意思疎通が難しい子には絵や写真カード、タブレット端末などを活用して本人の自己選択・自己決定を支援することや、他者との接触や多人数が苦手な子には状況に応じて別室を用意することなどが挙げられている。

各学校や教育委員会は、学校生活や学習で支障がある児童生徒に対し、合理的配慮を検討し措置を取らなければならない。ここで問題になるのは、障害者権利条約や障害者差別解消法に書かれている「負担が過重でない」範囲とはどの程度なのか、ということだ。文科省の手引には、合理的配慮が「過度の負担」に当たるかどうかは、各学校の設置者や学校が体制面、財政面などを勘案して個別に判断する必要がある——とされている。

クールダウンするために青空さんに保健室の利用を認めること、パニックの予兆があればその場を離れるよう促すこと、薬を飲む声かけ、職員会での情報共有……。元校長によると、福祉関係者の助言を踏まえて対応策を考えたが、青空さんのパニックの原因は毎回決まったものではなかったという。

パニックになって自傷する青空さんを一人のままにしておけない。下校まで青空さんを気遣い続けることは、教職員の人員に限りがあってできなかった。2年時には自傷の頻度や程度が増した。自傷によって授業が中断すれば、他の生徒は自習にせざるを得なかった。

元校長は「精神的に苦しんだ教員もいる」と明かした。「自主退学勧告はしたくなかったが、学校がそういう状況まで追い込まれてしまった。苦渋の決断だった」

自主退学勧告を受け、青空さんが高校と交わした「誓約書」。高校入学まで青空さんの主治医だった県立こども病院の元神経小児科部長、平林伸一さん(71)に目を通してもらった。

「こういうものは初めて見た」。平林さんは目を見開いた。「二次障害のある発達障害の子は、高校では受け入れませんと宣言しているようなものだ」と言った。だが、青空さんのようにたびたびパニックを起こす子の対応は難しいとし、「学校だけを悪者にはできない」と言った。

高校は、パニックを起こす青空さんを結果的に追い込み、「合理的配慮の限界」を理由として追い出すことになってしまった。マニュアルに従って対応できるような簡単なケースではなかったにせよ、80キロ離れた通信制高校では青空さんを受け止めることができた。問題の本質はどこにあるのか――。

青空さんは今、高校の2年時のことは「あまり覚えていない」という。自主退学勧告を受けた後、学校に通いたいという意欲を伝える手紙を学校宛てに書いたが、青空さんにはその記憶すらない。

覚えているのは、教師に「生徒としてではなく、けだものに触るように扱われたこと」だ。何よりも「それが嫌だった」

経験を踏まえて、働く

22年12月下旬、飯田市のタイヤ販売店。青空さんはこの店でアルバイトとして働いていた。働き始めて2カ月近く。カメラを向けると、「にやけちゃいますね」と照れくさそうに笑った。

冬用タイヤへの交換のピークは過ぎ、来店客は少ない。今の仕事は廃棄するタイヤからホイールを外す作業だ。まず専用の機械にタイヤをはめ、ペダルを踏んで空気を抜く。幼い頃から車が好きだった。「自分の職として、はまっているのかな」

タイヤの空気を抜く作業をする青空さん.

青空さんは「振り返れば通信制が自分に合っていたし、初めから選んでいれば良かった」という。高校に通っていた頃はどこか学校への甘えがあったし、迷惑もかけた。ただ、自分への視線が2年生になって変わり、居場所がなくなったことがつらかった。あれ以来、「大人は汚い」と思ってきた。

11月に今の仕事に就いてからは、まだ一度も自傷行為をしていない。「これまでの経験があるからこそ、今働けていると思います」。そう言って、タイヤを両手で抱えて積み上げた。

青空さんはその後、タイヤ販売店で正社員になった。

育児書を読んでも分からない

優大さん(47、仮名)は、左手の指を順に折り、両目をぎゅっと閉じて記憶を呼び覚ます。「いじめだよ。会話が駄目で、僕は吃音《きつおん》になったんだ」。そして、気持ちを落ち着かせる優大さんのいつもの方法、右の手のひらを胸に強く押し当てる動作をした。「僕は発達障害。ちゃんと理解されないから、大変だったんだよ」

2022年12月下旬の午後3時過ぎ、県東部の公営住宅。優大さんは、障害者が働く就労継続支援B型事業所(※3)での作業を終えて帰宅した。「僕は緊張すると言葉が出ないんだ」。こたつにあたり、20年間書き続けている日記を開きながら話した。

「いろいろあったもんね……」。父親の正晴さん(87、仮名)と母親の恵美子さん(81、仮名)がうなずく。家族の半世紀は、学校や社会とのぶつかり合いの連続だった。

優大さんは1975(昭和50)年、夫婦の次男として生まれた。恵美子さんが「周囲と違う」と感じたのは、優大さんが3歳の頃。発語が見られなかった。健診で保健所長に「自閉傾向がある」と言われた。

優大さんはスーパーの遊具スペースで、他の子と遊具の順番を巡ってトラブルになり、上半身の服を脱ぎ捨てて大声で泣きわめいた。そんな時、正晴さんは優大さんを胸に強く抱きしめて言い聞かせた。「ここにいるよ。大丈夫だよ」

医療者も含め、発達障害に関する情報がほとんどない時代。「育児書を読んでも無駄。この子に適した接し方を勉強しよう」。優大さんの子育てに悩む恵美子さんを、正晴さんはそう言って励ました。だが学校は、優大さんにとって厳しい場所だった。

吹き出てくる過去の「痛み」

知能指数は低くないと判断された優大さんは、小学校では通常学級と特殊学級(現在の特別支援学級)を行き来して学んだ。自席に静かに座っていられず、意思疎通は苦手。職員室に入り浸り、お茶と新聞を教員に配って歩いていた。だが、2年生からの新しい担任は、そんな優大さんを認めなかった。

担任は、優大さんが教室を動き回ったり職員室に行ったりしないよう、クラスの男児2人に見張り役を命じた。「親衛隊」と呼ばれた2人は、下校中も優大さんから離れなかった。ある日、恵美子さんが通学路をたどり途中まで迎えに行くと、親衛隊の2人はいなくなり、優大さんはランドセルを地面に叩きつけて泣いた。家で服を脱がせると、体中にあざができていた。「痛いよ、痛いよ…。やられたんだ」。優大さんは訴えた。

説明を求めた恵美子さんに担任はこう言った。「お母さんがやったのだと思っていました」

優大さんの中学1年の担任、手塚さん(79、仮名)を訪ねた。手塚さんは色あせた文集のページをめ

※3　**就労継続支援B型事業所**……障害者の日常生活及び社会生活を総合的に支援するための法律(障害者総合支援法)に定められた、障害福祉サービスの一つ。通常の事業所での就労が難しい障害者に生産活動の機会を提供し、就労に向けた訓練をする通所事業所。利用者は、障害や体調に合わせて手工芸や農作業、製菓などの作業をする。作業で得られた事業収入から経費を除いた分が「工賃」として支払われる。A型事業所は、原則として利用者と雇用契約を結び、利用者に最低賃金以上の賃金を支給する。事業所は、申請に基づき都道府県や政令市、中核市が指定。運営費は国・自治体が負担する「訓練等給付費」や、利用者の自己負担(原則1割)で賄う。

くり、1年時のクラス44人の集合写真に納まる体格のいい少年を指さした。

「優大君です。覚えてますよ」

1988年。その中学校には今よりはるかに多い約1200人の生徒が通っていた。学校は荒れていた。たばこを吸う子、廊下で自転車に乗る子。火を付けた爆竹を廊下の窓から教室に投げ入れる子もいた。そんな行為を優大さんは許せず、同級生だけでなく先輩に対しても「ばか」と言った。

手塚さんは「言われた相手はどう思う?」と諭したが、優大さんはやめなかった。言われた側の生徒は収まらない。「限界だよ。あいつ、特殊学級にやれよ」と、手塚さんは言い返されたという。優大さんは数人から暴行を受けた。

手塚さんが担任を外れた翌年以降も、優大さんの「挑発」と相手の生徒の「報復」は続いた。優大さんの国語の教科書はカッターで切り裂かれ、美術で使う教材は隠された。

手塚さんは鼻から大きく息を吸い込んで言った。「優大君の言動の根っこには、もっと以前に形作られた深い心の傷があったのだと思います」

今、軽乗用車に一緒に乗ると、ハンドルを握る正晴さんの肩を助手席の優大さんが急につねることがある。正晴さんは、過去に身に受けたことが何かの拍子に噴き出してくるのだろう、と受け止めている。

「保育園の頃、動き回る優大の腕をつねる保育士がいたな」。そんなことを断片的に思い出すが、優大さんが受けた痛みのすべては正晴さんにも分からない。

工場はつらくて

プラスチックの2つの小さな部品を手ではめ込み、スーパーの店頭で使う値札入れを次々に組み立てていく。2022年12月下旬の昼下がり、就労継続支援B型事業所で、優大さんは黙々と作業していた。

「優大さんにもう居場所を失ってほしくないんです」。管理者の清水里美さん(39、仮名)は言う。

自閉スペクトラム症に加えて知的障害があり、小中学校の頃にいじめや暴力を受けた優大さん。1990年代前半に特別支援学校高等部を卒業し、製造業の会社に就職した。

優大さんは電子部品のコイルの巻き線を担当した。自分の気持ちを落ち着かせるため、優大さんが見いだした方法は、定期的にトイレの個室に入ってラジオを聞くこと。上司はそれを「サボっている」と捉えた。上司による叱責は日ごとに増え、ある日、壊れている計算機をあてがわれた優大さんは、職場でパニックを起こした。計算機を投げたことを理由に、会社を解雇された。

次の製造業の事業所では電子部品の組み立てを担った。勤務時間は午前9時～午後3時半の契約だったが、仕事ぶりが評価され、「始業を30分前に、終業を1時間半後ろにできないか」と上司に頼まれた。だが優大さんには、引き受けられない理由があった。

当時の主治医で精神科医の宮尾美代子さん(87)によると、優大さんは中高生の姿を見ると、いじめられた過去と目の前の現在の区別がつかなくなりパニックを起こすことがある。勤務延長すれば通勤電車が学生の通学利用時間帯と重なり、パニックになるリスクが高かった。優大さんは勤務延長を断ったが、会社も譲らない。ついには事業主を殴ってしまい、結局退職した。

「工場はつらくてつらくて…」。優大さんは右手のひらを胸に押し当てて苦しそうに言う。

「これが私たちの日常」

父の正晴さんと母の恵美子さんは、優大さんが家にひきこもらないよう、保健所のプログラムを活用することにした。プログラムでは毎週、軽い運動や茶話会を開く。優大さんはこのプログラムを5年ほど続けた後、2008年に今通っている就労支援事業所にたどり着いた。以来、15年——。時には職員に暴力を振るってしまうこともあるが、事業所からさまざまな配慮を受けて利用を続けている。

管理者の清水さんは、現場職員だった当時から優大さんから何度も暴力を受けた。新しい利用者が来たため自分の作業分担が変わったり、作業場での会話が極端に少なかったりすると、優大さんは事務室に飛び込んできた。叫びながら駆け寄ってきて、頬を平手打ちされたこともある。

作業分担の変更が嫌だったのか、会話が少ないのは自分が嫌われたからだと感じたのか……。「どうしたの？ 教えてくれませんか」。そんな時、清水さんは優大さんを責めるのではなく、冷静に理由を聞いた。優大さんは目を大きく見開き、驚いた表情をした。そして、数時間後には必ず「ごめんなさい」と謝った。

「優大さん自身がこれまで受けた傷は一生消えない」と清水さんは言う。「彼のどんな暴力もいったんは受け止めなければ、彼の傷は癒えず、暴力をまた繰り返すだけ」

作業内容、他の利用者や職員の配置を調整することで、少しずつ事業所になじんでいった優大さん。数年前から部品の組み立てにほぼ固定し、精神状態も安定してきた。

12月27日夕、事業所から帰宅した優大さんは、こたつで足を温めながら言った。「僕は、お父さんとお母さんがいなくなると一人になる。困っちゃうんだよ……」

恵美子さんは脊柱管狭窄《きょうさく》症が悪化し、歩くと腰が痛い。87歳の正晴さんも、いつまで車を運転できるか分からない。優大さんにはグループホームで他の障害者と一緒に暮らす選択肢もあるが、人間関係が苦手で、ルールを覚えられない息子は入居できるのか。

2人の心配は日増しに膨らむ。

深夜に優大さんに起こされることなく眠ることができたら。いきなり殴られずに過ごせたら――。「ふつうの生活ができていたらなあ、と思うことはある」。そう言いつつ、正晴さんと恵美子さんはほほ笑んでいる。「でも、これが私たち家族のふつうの日常だから」

山の向こうに日が沈む頃、弱々しい残照が家族と何もない公営住宅の庭先をかすかに染めた。3人のシルエットの真ん中に、いつもと変わらない優大さんがいた。

（2023年1月4～14日の記事に一部加筆）

公営住宅の庭で両親と夕焼けを眺める優大さん（中央）．

読者の声をたずねて❶

「息子よ、幸せな人生だったか」

本章の記事に対し、ある男性からメールが寄せられた。発達障害の一種、自閉スペクトラム症を抱え、がんで亡くなった息子への思いをつづった内容だった。男性は、息子のことを「片時も忘れられない尊い存在」と言った。

使われなかった診断書

諏訪湖から太平洋に向かい、中央アルプスと南アルプスのあいだを流れ下る天竜川。長い年月をかけて天竜川が削ったこの谷あいを、信州では「伊那谷」と呼ぶ。リンゴやブドウなどの果樹の生産が盛んな上、諏訪地域や中京圏に近く、中小の精密機械工業の企業が集まる地域だ。この谷のうち、北半分は「上伊那」と呼ばれる。メールを寄せた男性はこの地域に住んでいた。

「親亡き後のことを心配しましてね。この診断書をもらって、さらに障害者手帳を取ろうと思っていたんです」

武広さん(74、仮名)は、A4判1枚の紙を手に話し始めた。長男の裕道さん(仮名)に医療機関が出した自閉スペクトラム症の診断書だ。自宅に届いたのは2019年秋だったが、その翌月、裕道さんはこの世を去った。44歳だった。

障害者手帳を取得し、親がいなくなっても福祉サービスを利用して生きていく——。そんな未来を見据えていた矢先、裕道さんはあっという間に先に逝ってしまった。

精神科病院から逃れて

裕道さんは保育園の頃から人の輪に入れず、部屋や園庭の隅に一人でいることが多かった一方で、知能は高かった。成績は良く、6年生になると六面立体パズル「ルービックキューブ」を20秒かからずに完成させた。担任の教師が「東大生並みの知能」と言って驚いていたという。

武広さんから見た裕道さんの顕著な特性は、「人の言うことを何でも聞くこと」だった。

中学2年生になって事件が起きる。裕道さんは、級友に指示された通りに武広さんの財布から数回にわたって金を抜き取り、ゲーム機などを買わされた。発覚して泣いて謝る裕道さんを、武広さんは抱きしめて慰めた。

地元の高校にトップの成績で合格し、入学式で新入生代表のあいさつを任された。だが、裕道さんは自分の考えを文章にできないと半泣きで訴え、武広さんが代わりに書いた。医師に診てもらったが、「特別な問題はない」と言われた。同級生との交わりは少なく、部活動も続かない。自宅2階の勉強机でぼーっとしていることが多かった。

裕道さんのゲーム機．裕道さんには趣味がほとんどなく，遺品は少ない．

裕道さんは1993年に高校を卒業後、ある財団法人に就職。職場でからかわれたりし、家で武広さんには意味の分からない言葉を発するようになった。

そこで精神科病院を受診した。

医師から「精神分裂病(統合失調症)の気がある」と告げられ、薬を処方された。数回目の通院の際、注射を打たれてそのまま入院。武広さんが見に行くと、病室は和式トイレのみがある4畳半ほどの一人部屋だった。武広さんは不信感を抱き、翌々日に裕道さんを連れ帰った。家に戻った時に見せた安心した表情が、武広さんの目に焼き付いている。

その2日後、同じ医師に裕道さんの職場復帰について相談したところ、医師は「復帰していいですよ」とあっさり言った。

後は勝手にすればいい、ということなのかもしれないが、一連の対応は他人事のように感じられ、武広さんには怒りが湧いた。

思い出はつらいことばかり

復帰後、裕道さんは同僚を乗せて車を運転中に赤信号を無視してしまった。2つのことを同時にするのが苦手で、会話をしながらの運転が難しかったのだ。結局、自己都合による退職に追い込まれた。

その後もつらい出来事が重なった。弁当製造工場に非正規雇用で再就職したが、人に逆らえない裕道さんは終業後、飲食店で毎日のように同僚に食事代を払わされた。やがてこの工場は閉鎖になり、物流会社に転職。ここでは淡々と仕事をしているように見えたが、言われるままに働くためか、残業が増えて長時間労働が常態化した。

19年夏、裕道さんは腰痛を訴えて休職した。秋に入ったある日の朝、目覚めた裕道さんの顔には黄疸《おうだん》が広がっていた。検査の結果、膵臓がんが見つかった。既に手遅れの状態だった。

裕道さんの思い出はつらいことばかりで、武広さんは亡きがらを前に号泣した。「裕道、幸せな人生だったか?」。息子を思ってそう問いかけると、今もどうしようもなく涙があふれだす。

発達障害の知識や理解がある時代に学校教育を受けていたら、おまえは傷つかずに済んだのか。自然相手の農業などストレスの少ない仕事が家業で、親子で一緒に働いていたら……。裕道さんと歩む別の人生のシナリオが、武広さんの頭に浮かんでは消える。

人生の残された時間、裕道さんとの対話を続けたいと思っている。

（2023年2月1日）

ZOOM UP❶

発達障害

発達障害は、①子どもの頃に発達の遅れや偏りが現れ、かつ②その特性によって学校や仕事などの社会生活に支障を来している状態をいう。「障害」という言葉を避けて、「神経発達症」とも訳される。

症状によって診断名が分かれ、発達障害の診断を受けた人は生活上の支障が原因でさまざまな「生きづらさ」を感じている。逆に、特段の支障や生きづらさがなければ、子どもの頃から発達の遅れや偏りがあるとしても、診断を付けて特別な支援をする必要はない。一度発達障害と診断された人でも、その後の環境の変化などによって生活上の困難さが解消されれば、診断基準を外れることがあり得る。

発達障害者が急増している現代は、「発達の特性に起因する生きづらさを抱える人が増えており、そういう人に診断が付く時代」と言えるだろう。

なお、発達障害に分類される症状の原因は生物学的には解明されておらず、身体的な外傷やウイルスの有無のように明確ではない。診断は医師が受診者の言動を聞き取り、それを基に下される。識別が難しく、誤診もあると指摘されている。

発達障害の種類

注意欠如・多動症
(ADHD)

○ 不注意，多動性・衝動性がある

- 勉強や仕事などに注意が続かない．集中できない
- 持ち物の整理ができない．忘れ物が多い
- 時間を守ることが苦手
- 自分の順番を待てない
- 突然，思い付いた行動をとる

自閉スペクトラム症
(ASD)

○こだわりが強い

○臨機応変な対人関係が苦手

- 同じ動作を繰り返す
- 突然の予定変更が苦手
- 光や音などの感覚刺激の感じ方に特異性がある
- 雑談をしていると疲れる

学習障害(LD)

○読み書きや計算が苦手

- 漢字が覚えられない
- 数量をうまく扱えない

○は主な特性
他にも発達性協調運動症(DCD)，吃音，チック症が発達障害に含まれる．円の重なりは症状の重複を示す．

(協力＝本田秀夫・信州大学医学部教授)

診断基準と特性

発達障害は、世界保健機関(WHO)の「国際疾病分類(ICD)」や、米国精神医学会が作成する「精神疾患の診断・統計マニュアル(DSM)」の分類・基準に基づき診断される。

これらの診断分類の最新版によれば、発達障害には、自閉スペクトラム症(ASD)、注意欠如・多動症(ADHD)、学習障害(LD、限局性学習症ともいう)などが含まれる(図)。これらの症状は重複することがある。

信州大学医学部子どものこころの発達医学教室の本田秀夫教授によると、自閉スペクトラム症には、「臨機応変な対人関係が苦手」「こだわりが強い」という2つの特性がある。光や音などの感覚刺激に過度に敏感な人や、逆に過度に鈍感な人もいる。こうした特性は、生活環境やストレスの程度によって強く出たり弱く出たりする。2013年に出版されたDSM第5版(DSM-5)では、症状の一定の範囲(スペクトラム)をまとめて自閉スペクトラム症と呼ぶ診断名が採用された。

注意欠如・多動症は、不注意や多動性・衝動性の特性がある。学習障害は、読むことや書くこと、計算が苦手という特性がある。他に吃音やある動作・声を繰り返すチック症、運動が苦手になりやすい発達性協調運動症(DCD)も発達障害に含まれる。

一部には、発達の特性があり学校生活に支障があるものの、非常に才能豊かで「2E」(twice-exceptional:二重に特別な配慮を要するという意味)と呼ばれる子もいる。

解明されていないメカニズム

発達障害の理解が難しい背景には、症状の生物学的なメカニズムが解明されていないことがある。生まれつきの中枢神経系の機能障害とされているが、人間の脳は生後発達する部分も大きいため、周囲の人との相互作用や置かれた環境による脳の発達によって症状の発現の仕方が修飾(生来のものが一部変化)する可能性もある。診断は、知能やコミュニケーションなどの検査結果を参考に受診者の困り感の訴え、発達経過の聴取、行動観察などによって行われる。

診断分類は診断の客観性・信頼性を高めるために改訂を重ね、世界中の医療や研究の現場で利用されている。だが、最新版もまだ科学的な根拠に基づく診断指標の提示には至っていない。今後も脳科学の進歩を踏まえ、症状の定義や分類の組み替えがあると専門家は指摘する。

社会生活に「支障」があることが診断の要件

本田秀夫・信州大学医学部教授

高血圧なら血圧、肥満なら身長や体重を物差しに使うように、発達障害の診断でもある種の物差しを使う。自閉スペクトラム症では対人関係の苦手さやこだわりの特徴を物差しに用い、注意欠如・多動症では不注意や多動・衝動の程度を物差しに用いる。これらの特徴が子どもの頃からみられることも確認する。

こうした「症状」と「経過」に加え、その特徴があることでその人の社会生活に「支障」が出ているかどうかが診断では重要だ。注意欠如・多動症ならば、不注意や多動・衝動という症状が子どもの頃からみられる経過があり、それによって社会生活に支障がある場合に診断する。ただし、社会生活の支障は、周りがどんな社会環境なのかによって違ってくる。

突然変異で指が6本ある多指症の人がいる。米大リーグにも最近まで多指症の投手がいた。機能的に問題なければ治療の必要はないが、社会的な偏見を気にして「病気」として治療することが多い。発達障害も同様で、今の社会風土に発達障害の特性が適合しにくいために支障を感じやすい可能性がある。

発達障害の特徴を示す子がいるというのは昔から知られていたが、1940年代以降に研究が進んできた。「子どもの自閉症」が初めて報告されたのが43年(アメリカの児童精神科医カナーによる)。注意欠如・多動症は以前から「多動児」などという言い方をされていたが、80年代以降に不注意、多動・衝動を軸に診断する現在の形に整理されてきた。

発達障害の発生のメカニズムは、他の多くの精神障害と同様によく分かっていない。脳に生来

本田秀夫氏．1964年，大阪府出身．東京大学医学部卒，精神科医．30年以上にわたり，発達障害の臨床と研究に従事．東大付属病院，横浜市総合リハビリテーションセンター，山梨県立こころの発達総合支援センター所長などを経て，2014年，信州大学医学部付属病院子どものこころ診療部長に就任．18年，同医学部子どものこころの発達医学教室教授．23年，長野県発達障がい情報・支援センターのセンター長．

性の異常があるという仮説が主流だが、決定的な所見は見つかっていない。

発達障害の人の特徴は、生涯を通じてゼロにならない可能性が高い。特徴があるなら、その特徴に合わせた育て方にした方がいいと、親や周囲が気持ちを切り替えるためにも早期発見が大切だ。

発達期の社会的経験が脳の成長に影響か

飯田順三・奈良県立医科大学名誉教授

自閉スペクトラム症の原因について、遺伝要因が40%前後で、環境要因が50%強という海外の研究者のデータがある。最近は遺伝要因がもっと高く、80%あるとする研究もある。

遺伝といっても、自閉スペクトラム症の原因遺伝子が分かっているわけではない。自閉スペクトラム症と関係がある遺伝子はたくさんあり、「感受性遺伝子」と呼ばれている。この感受性遺伝子をたくさん持っている人ほど自閉スペクトラム症になる可能性が高くなるといわれている。

飯田順三氏．1956年，福井県出身．奈良県立医科大学卒，医師．2000年，同大学看護短期大学部教授．08年，同大学医学部看護学科長．21年，同大学名誉教授，万葉クリニック子どものこころセンター絆(奈良県橿原市)センター長に就任．奈良県教育支援委員会の委員長も務めた．日本児童青年精神医学会の元代表理事．

自閉スペクトラム症の感受性遺伝子は、統合失調症やうつ病の患者にもみられる。

奈良県立医科大学の牧之段《まきのだん》学准教授が2012年に発表した、マウスを使った画期的な研究がある。1匹だけで飼ったマウスは、4匹一緒に飼ったマウスと比べて、脳の前頭前野のミエリン（髄鞘《ずいしょう》）の形成が悪かった。ミエリンは、神経細胞をつなぐ神経線維に巻かれたビニールみたいなもの。通常はミエリンのおかげで神経を通る電流の速度が上がるが、ミエリンが形成されないと速度が上がらず、脳のネットワークに機能障害を起こすと考えられる。

これはマウスの話なので人間にどこまで当てはまるか研究の途上だが、発達期の社会的経験や環境が脳の成長そのものに影響していることを示唆している。脳がうまく育たなければ、学習障害など発達障害の原因になる可能性がある。

人間の主観は、無人島にいても形成されるものではなく、他者との相互作用の中で共同的に構築され、機能するものだ。これは「間《かん》主観性」といわれる。心はまず、乳児期の親とのコミュニケーションで育まれる。発達障害は、1人の脳の中だけを見ても解明されない。他者との関わりの中で脳がどう働くのかを調べる必要がある。

（2023年1月20日）

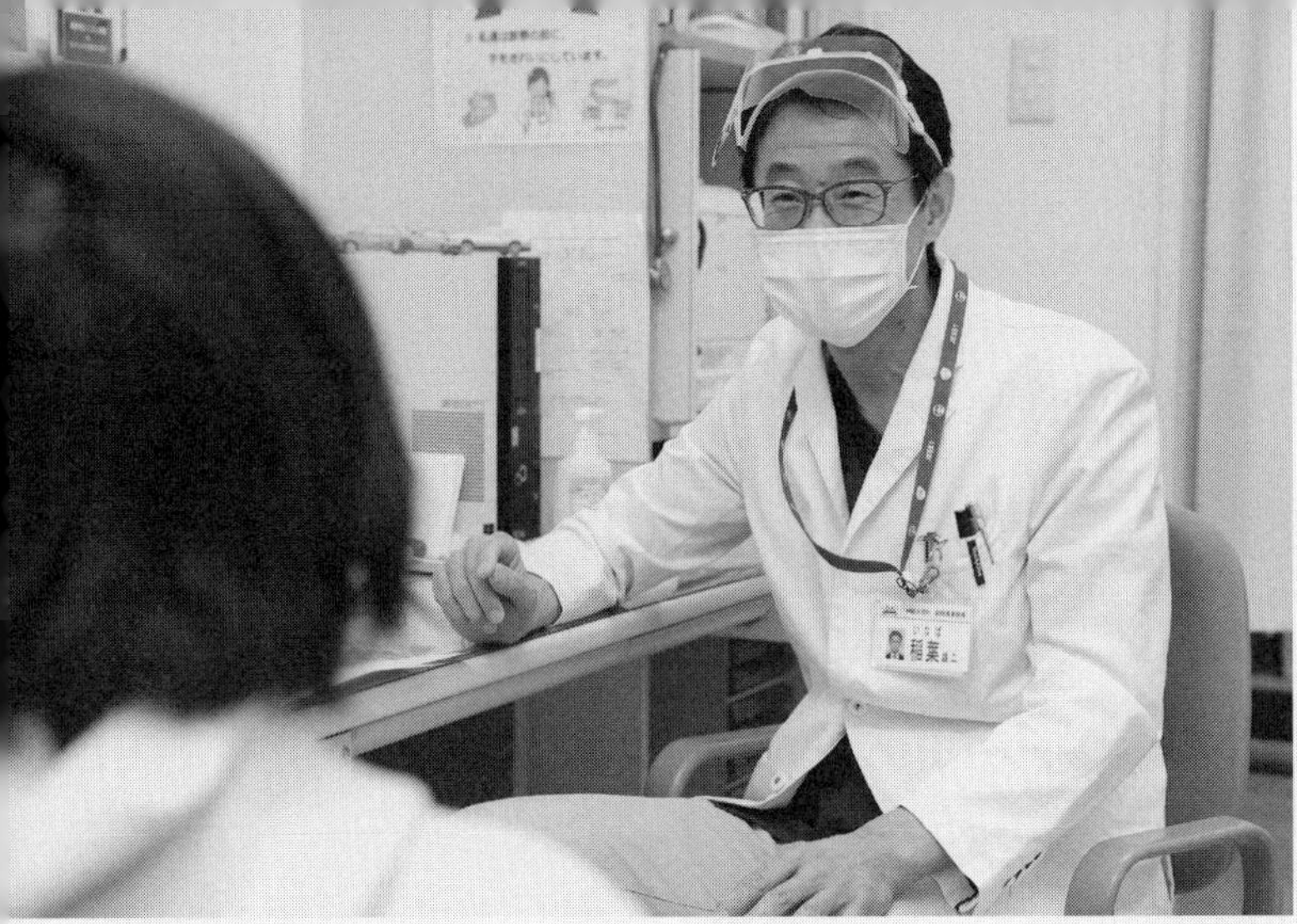

第2章 「早期発見」の現場

長野県立こども病院の稲葉雄二医師.
子どもと保護者に話しかける時，表情は終始穏やかだ. ➡50頁

子どもの頃に発達の遅れや偏りが現れる発達障害は、早期の発見・支援が重要だとされる。通常学級の授業を理解しにくかったり、集団の活動が苦手だったりして「できないこと」が増えると学校がつらくなり、いじめや不登校の原因になるからだ。多くの子の発達の特性は、乳幼児健診の際に保健師によって発見される一方、医療の体制は不十分で、長期の受診待ちが常態化している。そして、学齢期の学びの場をどうするのか——。市町村教育委員会の決定に対し、多くの親子が立ち止まり、思い惑う。第2章は、その現場を追う。

初診まで半年待ち

「4カ月先まで予約が埋まっていまして…」。2022年10月下旬、松本市の祐子さん(38、仮名)は、長野県立こども病院の「発達障害専門外来」の受診予約を取ろうと、予約センターに電話した。えっ、そんなに先なの——。スタッフの答えに、口には出さなかったものの、驚きと焦りが胸を駆け抜けた。

長男である保育園年長児の賢一君(6、仮名)が登園を渋るようになったのは、夏休み明けのこと。園に送っていくと、車から降りずに「具合が悪い」と言ってしくしく泣いた。かかりつけ医にみせたが体に異変はない。「甘えているのかな」と見守ったが、登園できない日が増えていった。

夫が4年前、対人関係が苦手な自閉スペクトラム症と診断されたことから、一つの可能性が祐子さんの頭に浮かんだ。「賢一にも発達の特性があるかもしれない」——。かかりつけ医に発達障害の専門医療機関への紹介を頼んだところ、「比較的早く受診できる」と勧められたのがこども病院だった。

賢一君は23年4月から小学生。地元の学校の通常学級で学ぶ予定だが、自閉スペクトラム症ならば、祐子さんは特別支援学級(支援級)への入級も検討したい。このままでは障害の状態も、必要な支援についても分からないことだらけ。学校と話をするためにも、早く専門医を受診したい。

賢一君は、日中のほとんどを家のリビングで過ごす。風船を飛ばしたり、絵を描いたり。落ち着いてはいるが、祐子さんの気持ちはざわめく。2月下旬の受診まで「もう少しの我慢」が続く。焦りを抱えて不安な日々を過ごすのは、祐子さんだけではない。

「申し訳ありません。既に4月分の予約までいっぱいになっております」。23年1月、こども病院の2階にある予約センター。女性スタッフが、発達障害専門外来の予約を申し込んできた母親に謝っていた。発達障害の診察を求める保護者の電話は、ほとんど毎日あるという。

「そんなに先になるんですか?」。困惑する母親に、スタッフは「皆さんにお待ちいただいております。5月分の予約が始まる1月中旬以降に、こちらからお電話いたします」と返した。

こども病院の発達障害を診療する常勤医師は、神経小児科とリハビリ科の8人。信州大学付属病院と並び、一つの医療機関としては県内では最大規模の診療体制だ。だが、発達障害は診療に時間がかかることもあり、新規患者の受け入れ枠は毎月25件ほど。受診ニーズはこれを大きく上回り、初診までに半年近く待つ場合もある。

22年12月下旬、こども病院の診察室。神経小児科部長で医師の稲葉雄二さん(56)は、緊張した表情の保育園年中の女児(5)と母親に向き合っていた。「自閉スペクトラム症は病気じゃないから治す必要はないんだ。人それぞれに合った工夫ができれば、自分も周りも幸せになるからね」。笑顔で説明する。

女児は、保育園長の勧めで9月に初めて受診し、自閉スペクトラム症と診断された。この日は2回目の診察。新年度には年長児になり、小学校での学びの場や支援を検討する就学相談が始まる。その前に、病院で知能検査のWISC-Ⅳ(ウィスク・フォー)を受ける必要がある。稲葉さんは「検査は4カ月待ちですから、忘れずに申し込んでくださいね」と念を押した。

時代は変わった――。稲葉さんはそう感じる。10年前は、学校に行けなくなってから初めて発達障害を疑い、受診する子も多かった。今は診断から検査、就学相談まで、就学前の支援体制は整ってきている。

だが診断ニーズの急激な高まりで、県内では初診までに1年待たされる医療機関もある。専門医だけでなく、検査を行い支援方法を助言する臨床心理士や作業療法士、言語聴覚士も足りない。「医療人材を今の3倍に増やさないと、ニーズに応えられない」。稲葉さんの危機感は強い。

保健師の見極める目

「ワンワンはどれかな?」。犬、魚、茶わん、はさみ、人形、車の6種のイラストが載ったラミネート加工の紙を、保健師が男児に見せて尋ねる。小さな人さし指が、そっと犬の絵を指す。「そうだね。じゃあブーブー、車はどれかな?」――。

2023年1月下旬、伊那市保健センター。1歳6カ月児健診に集まった16組の親子は、順番に小さな机を挟んで保健師と向き合う。発達を調べる課題は3種類。絵の指さし、積み木の積み上げ、そして丸、三角、四角の穴に合う形の板片を選んではめ込むことだ。

積み木などに興味津々な子、他の場所を見に行こうとする子。促されてもなかなか指さしや積み木をやらない子もいる。保健師は終始にこやかに、しかし、じっと見守る。

05年施行の発達障害者支援法は、早期支援を目的に掲げ、市町村に対し健診の際に「発達障害の早期発見に十分留意しなければならない」と定めている。1歳半ごろは赤ちゃんが幼児へと変化する時期で、一般的には物の名前を理解し始め、知っている物を指さすなどの行為をするとされる。保健師には、健診で発達の遅れや偏りを最初に見極める役割が期待される。

「家では結構やっているんですけど」「眠くていつもと様子が違うみたい」——。少し不安そうな表情を見せる母親に、「どう変わっていくか、一緒に見ていきましょう」と保健師。10分前後の問診を終えると、問診票の記入欄に課題の結果などを書き込んだ。

健診開始から2時間半余り。親子を見送った後、保健師や、会場で言葉や発達の相談を受けていた市児童発達支援センター小鳩園の職員ら10人が会議を始めた。一人一人の子どもについて「異常なし」とするか、「要観察」とするか判断する場だ。

「課題は、積み木、はめ板はできて、指標(イラストの指さし)は6分の0(6問のうち正答なし)でした」。ある子の結果について、保健師がファイルを見ながら言う。

市町村では発達障害の一種である自閉スペクトラム症の兆候を把握する質問用紙「M-CHAT」(エムチャット)を問診票の質問に取り入れているところが多い。エムチャットは海外で開発され、厚生労働省が推奨する。「ある種の音に過敏に反応して不機嫌になるか」など計23の設問からなり、親が普段の子どもの様子を「はい」か「いいえ」で答える。伊那市は14年度に導入した。

「視線が合いにくかったんだよね」「気が散っていたようだった」——。課題の結果と問診票、そして保健師が捉えた子どもの気になる様子も共有される。『要観察』にしましょう」とまとまった。

「療育の専門スタッフも健診に加わり、多くの目で見ている。昔と比べて見落とされる子が減ったかもしれない」。市の保健師の一人はそう話す。松本市のある保健師も「個人的な感覚だが、保健師に見極める力がついた部分がある」と言う。少子化が進んでいる一方で、発達障害の早期発見・支援の社会的要請を受けて、健診で見つかる要観察児の割合が増加傾向にあるという自治体は少なくない。

伊那市では、要観察の子について、その後の健診前などに保健師が家庭訪問したり、集団遊びをしながら発達を促す市主催の教室に親子を誘ったりする。こうした機会に子どもの経過を確認。ただ保護者の中には、子どもに発達の特性があることを受け入れられず、教室に行くことを拒む人もいる。

保健師の大沢勇さん(52)は「乳幼児健診は本来、親と保健師が一緒に子どもの苦手なことや得意なことを確認し考える機会だ」という。「でも今、発達特性などをチェックする役割が大きくなっている」。養育にとって必要なプロセスだとは思うが、現状に違和感を抱いてもいる。

自分を責める母親

「やっぱり他の子と違う」――。2019年7月、伊那市に住む玲子さん(37、仮名)は、娘の綾音ちゃん(5、仮名)を2歳児健診に連れて行った。会場で母親の膝の上にいる子どもが多い中、綾音ちゃんは会場を歩き回っている。落ち着きがない子だと思ってはいたが、他の子との「違い」を意識せずにはいられなかった。

綾音ちゃんが「ふつう」の子に育ってほしいと願っていた玲子さん。「何がいけなかったんだろう…」。不安と自分を責める気持ちに苦しめられるようになった。妊娠中の行動や産後の育て方、さらには自身の幼少期を思い返して、娘の特性の原因を探した。

市は、集団遊びをしながら発達を促す乳幼児向けの教室を開いている。健診の際に勧められて通っ

小鳩園で遊ぶ綾音ちゃん．

たが、綾音ちゃんは窓の外を見ていて、体操などにはあまり参加しなかった。

市の児童発達支援センター小鳩園が開く無料の少人数教室にも通った。「この子に合う場所で、本人が楽しめるように」。何とか前向きになろうとしたが、綾音ちゃんが教室で他の子と遊ぶことができない様子を見ると、玲子さんはイライラしてしまう。トイレトレーニングをうまくできなかった時には、「なんでできないの？」ときつい言葉で怒ってしまった。「ちゃんとしてよ」と思うほど、できないことばかりが目に付く。

教室に通ううちに、子どもの発達の特性は年齢を重ねて消えるものではないことも分かってきた。玲子さん夫婦は話し合い、翌年夏、小鳩園が行う療育サービスを受けることを決めた。

療育サービスは、保育士や理学療法士、作業療法士らが集団生活の練習や体づくりなどを行う。通所型の療育サービスは、放課後等デイサービスと同様に、児童福祉法に位置付けられた「障害児通所支援」に当たる。保護者は市町村から通所受給者証を取得すると、国・県・市から「障害者通所給付費」が下りて自己負担は安く済む。

つまり制度上、療育は障害児が受ける福祉サービスになる。受給者証を受け取り、玲子さんは療育を受けられることにほっとした半面、「本格的な福祉サービス」を受けることに「ショック」も感じた。

デリケートな保護者に寄り添う

小鳩園の職員は、乳幼児健診や少人数教室などの機会を捉え、療育の専門職として保護者に面談を持ちかける。ふつうの成長を願う親たちに対し、子どもの発達の遅れや偏りの可能性などを少しずつ伝えるが、理解を得るのは簡単ではない。面談後に「嫌な気持ちになった」と苦情を言う人や、「うちの子は遅れていない」と怒り出す人もいる。

子どもの発達を長期にわたり支えるには、親との信頼関係が不可欠。小鳩園の言語聴覚士、原美樹さん(47)は「保護者には慎重な伝え方を心がけ、デリケートな気持ちに寄り添って少しずつ認識を共有したい」と話す。苦しい思いをさせてしまい、自身も気持ちがふさぐことがある。それでも、「早期発見、早期支援が、後々の(うつや適応障害などの)二次障害のリスクを避ける最善策」だと考えている。

巡回相談に訪れた保育園で，保育士(手前)と子どもの状態について話し合う原美樹さん．

綾音ちゃんはその後、医師に発達障害の疑いがあると言われた。23年1月下旬の朝、小鳩園に登園する子どもたちの中にその姿があった。

持ち物を整理すると、黄色のヘッドホンを着けてトイレへ。部屋に戻り玲子さんに手を振ると、元気に一日をスタートさせた。

通園当初、綾音ちゃんはトイレを嫌がってよく泣いた。職員の一人が、トイレの水や換気扇の音を怖がっているのではないかと気付いた。ヘッドホンを着けると、泣かないでトイレに行けた。徐々に気持ちを整えられるようにもなった。

綾音ちゃんの変化を見た担当職員は、小学校入学を見据え、来年度は地域の保育園の年長組に入る提案をした。保育園の友達と遊べるか、発表会は大丈夫か……。不安はあるが、玲子さんは保育園に行かせてみることにした。「ちょっと冒険なんですけどね」。そう言って、少し笑った。

難しい保護者とのコミュニケーション

信州大学医学部の本田秀夫教授の研究室が20年度に、長野県と山梨県内にある保育園と幼稚園、認定こども園に調査したところ、担任が知的な遅れや発達の特性があるとみている子どもが全体の12・3％いて、そのうち60・8％の子については担任が保護者に伝えていない状態だった。伝えていない理由には、「特性があるか微妙で、受診を勧めるべきか迷っている」や「受診した方がいいと思うが、保護者が気づいていない」との選択肢が多く選ばれた。

わが子のこととなると、戸惑いや不安を抱く保護者は多い。保育士や幼稚園教諭にとって、保護者に伝えることはハードルが高いことが調査結果から浮かぶ。

「保護者とのコミュニケーションは、幼稚園教諭や保育士みんなの悩みだと思う」。ある幼稚園教諭はそう話す。子どもに発達障害が疑われることを保護者に伝えてトラブルになった経験が自身にもあるといい、「保護者と信頼関係をつくることが大切だが、先生は普段の業務に追われている。知識と経験がないと向き合うのは難しい」と話した。

親子に向き合いながら「正解」を探す

冬のある日、伊那市内の保育園の遊戯室で20人ほどの園児がかるた取りをしていた。「みんな立ちますよー」。保育士の呼びかけで園児たちは立ち上がり、片付けを始めた。一人、座ったままかるたの取り札を見つめたり、両手で頭の上に掲げたりしている男の子がいる。「○○君、立ちますよ」。もう一度保育士が声をかけると、男児はゆっくり立ち上がった。

この日は、児童発達支援センター小鳩園の原さんや、公認心理師が保育園を訪れる「巡回相談」の日。乳幼児健診で「要観察」となった子や、保育士の勧めで保護者から申し込みのあった子らを見る。保育園生活で困っていることがないか、経過を引き続き観察する必要があるかを見極め、保育士と保護者に助言する。

原さんはこの男児に近づき、しばらく様子を見守った。男児は、以前はすぐにかんしゃくを起こして手が付けられなくなったが、この日は子どもたちの輪の中で笑顔を見せていた。原さんは内心、男児の変化をどう捉えていいか、迷っていた。

「いつもこんな感じ?」。原さんが聞くと、担任の保育士は「そう。個別の声かけは必要だけど、穏やかなの」と返した。ただ、他の園児たちより言葉の発達がゆっくりしていることなど、2人から見て気になるところはある。「進級すると、もうちょっとクラスが大きな集団になる」と担任。園児が増えた教室で、男児がどんな反応を見せるかは分からない。引き続きこの子には丁寧に声をかけ、様子を見ていくことを確認した。

1975(昭和50)年に開所した小鳩園は当初、重度心身障害児の療育を中心に行っていたが、この20年ほどは発達の特性のある子の療育支援に力を入れている。変化のきっかけは、「気になる子が増えている。どうしたらいいか教えてほしい」という保育園からの「SOS」だった。

80年以降、日本の共働き世帯は年々増え、97年以降は夫のみが外で働く世帯を上回っている。それに伴い、伊那市でも保育園に子どもを預ける家庭が増加した。クラスの人数が増え、じっとしていない子、他の子をすぐ叩いてしまう子などが目立ち始めた。繁忙感と相まって、保育士から悲鳴が上がった。

「昔から集団活動から外れる子はいたが、言葉が出ないとか、多動とか特性のある子が徐々に増えている感覚があった」。約30年保育の現場にいる上の原保育園園長、篠平明美さん(51)はそう振り返る。

発達の特性がある子への対応を強化し保育園を支援するため、市で初めて正規職員の言語聴覚士として採用され、2001年に小鳩園に配属されたのが原さんだった。小鳩園は同年に保育園の巡回を始めた。

現在、小鳩園の療育サービスの利用者は、発達の特性がある子が大半だ。設立当初、1日の利用定員は12人だったが、18年に35人に、21年に45人に増やした。園長の井上ユミさん(63)は「ここ10年、施設の規模や職員態勢はいつもぎりぎりだった」という。現在の利用登録者は62人。1日の利用人数を調整しており、登録待ちの人も出ている。

ベテラン専門職の原さんだが、子どもの状態の見極めや適切な対応を巡って悩むことがある。20年以上、乳幼児のさまざまな特性を見てきたが、小学校に入学して以降は経過を追跡していない。特性を抱えた子がそれぞれどんな学齢期を過ごし、卒業後はどんな生活をしているのか、手元には何もデータがない。原さんが自分の判断に自信を持ちきれない理由はそこにある。

発達支援をしているが、本当は特性はその子の個性の範囲なのかもしれない。逆に、支援が必要な子を見落としていないだろうか。「何が正解なのか」——。自問を続けながら親子に向き合っている。

支援級増加の裏に、「手厚い支援」を望む親心

茜さん(34、仮名)は、2023年4月に地元の小学校に入学する一人息子の進吾君(5、仮名)が学校生活に行き詰まらないか、ずっと心配してきた。2月初旬、県東部の保育園の一室で、茜さん夫婦は小学校の校長、支援級の担任らと初めて向き合った。

進吾君は、自閉スペクトラム症と注意欠如・多動症の傾向がある。勉強や集団生活で壁にぶつかった時に誰かに頼れるだろうか——。茜さんの率直な問いに、校長らは支援級での「手厚い個別指導」を約束した。

22年春以降、進吾君の学びの場を巡り、児童発達支援施設(療育施設)や保育園の関係者と相談を重

ねてきた茜さん。この日、算数や国語を中心に支援級で学ぶことにし、他の科目の授業はできるだけ通常学級で受けることを学校側と確認した。

茜さんは保育士の資格があり、地域の児童関連施設で働いていた。出産後、程なくして抱きしめても、一緒に寝ても泣きやまない進吾君に育てにくさを感じた。「発達障害なんじゃないか……」。仕事柄、発達障害を理解しているつもりでいたが、わが子として育てるとなると接し方が分からず「困り果てた」

0歳から保育園を利用。箸やスプーンの持ち方、着替えなど、他の子と比べて「できないこと」を担任からたびたび指摘された。夫は「いつかできるよ」と言うだけ。孤独を感じた。ある日、保育士らとの懇談の場で、やんわりと病院に行くことを提案された。

進吾君が年少児の頃、病院の定期健診に合わせた懇談の場で、保育園の担任がつぶやいた。「保育には限界がある。療育を取り入れた方がいい」。茜さんは、自分と同じ保育士の言葉にはっとした。「進吾の過ごしやすさを考えなければいけないんだ」。「ふつう」に縛られ、障害を否定的に考えているのは自分かもしれない、と気付いた。療育サービスを受けることにした。

23年2月、進吾君は療育施設の一室で、折り紙でバラの花と葉を折っていた。卒業制作の一環で花を5つ、葉を2つ作る。「よく覚えたね」。次々と折る進吾君の肩を施設の保育士がそっとなでると、照れくさそうに肩を揺らした。

進吾君は現在、保育園に通いながら、他の年長児3人と毎週1日2時間、療育サービスを利用している。年少の頃は着替えがうまくできず、折り紙も苦手だった。約2年間の療育で着替えもでき、折り紙も楽しんで遊べるようになった。バラは10分ほどで仕上がった。

自由時間を挟み、次は運動の時間。平均台の上を歩いたり、ミニハードルを跳び越えたり。保育士によると、学校で長時間椅子に座っていられるように体幹を鍛える狙いがある。進吾君は生き生きとした表情で送迎車に乗り、保育園に戻っていった。

「できることが増え、保育園にも嫌がらずに通っている。自信がついてきたみたい」。療育の効果を実感する茜さんは、進吾君の就学先も小学校の支援級を望んだ。

折り紙でバラの花を折る進吾君.

学校基本調査によると、23年度、全国の国立を除く公立小中学校・義務教育学校には約38万５０００クラスあり、このうち約7万９０００が支援級。支援級は10年前の13年と比べて2万９０００増えた。全クラスの中で支援級が占める割合は20・5%で、この割合は10年前と比べ7ポイントも上昇したことになる。この支援級急増の背景にあるのは、発達障害とされる子どもの増加と、茜さんのように子どもの学びの場として支援級を希望する保護者の気持ちだ。

法令上、義務教育段階の子どもの就学先は、一人一人の教育的ニーズを踏まえ、最終的に市町村教育委員会が決定する。だが市町村の教育委員会によると、周りの子と同じことができず、医師に発達障害と診断されたわが子のために、少人数で教員の目が行き届く支援級への入級を望む保護者は少なくない。教員や学校側にしても、「手のかかる子」を支援級に移せば、通常学級でその子を静かに椅子に座らせ、みんなと同じことをするよう無理強いしなくて済むことになる。

茜さんは、学びの場についてまだ進吾君と話をしていない。通常学級で学び、つまずいたら恥ずかしがらずに「分からない」と言い、支援級に行ってほしいと思う。「周囲の力を借りながら、学びを楽しみ続けてほしい」。そう願っている。

学びの場、もっと自由に行き来できたら

「広希の結果、届いたよ。通常学級に決まったけど、大丈夫かな……」

3人の子どもが寝静まったのを見計らい、安曇野市の涼子さん(34、仮名)は、自宅のソファに体を預けている夫の健人さん(35、仮名)に切り出した。2022年11月下旬のある夜のことだ。

保育園年長児の長男、広希君(6、仮名)は対人関係が苦手な自閉スペクトラム症と診断されている。この日、4月に入学する地元の小学校で通常学級に入ることを決定した市教育委員会の通知が自宅に届いた。

涼子さんは、小学校で広希君は個別指導が中心になる支援級で学んだ方がいいと思っていたが、通知の内容は違った。仕事で疲れた様子の健人さんは「ふーん」と一言。「ふーん、じゃないよ。通常学級で手遅れになったらどうするの!」。いら立ちが口をついた。

「専門の人たちが広希を見て、通常学級で大丈夫と言ってくれたんだろ? いいんじゃないの」。そう言う健人さんに言い返さなかったが、真剣に悩んでいる涼子さんには、健人さんの態度がどこか他

人事に映って仕方なかった。

広希君の学びの場を決める就学相談は、その年の春に始まった。計2回の会議で、涼子さんは支援級を希望し続けた。

涼子さんから見て、広希君は姉(8)と妹(2)に比べて言葉の発達が遅い。問いかけに対する言葉は少なく、目線が合いにくい。こだわりが強く、「駄目だよ」と言ってもその行動を繰り返すことがある。

ママ友やネットから得た情報が、涼子さんを悩ませた。通常学級で学ぶ発達特性のある子が先生に厳しく指導されたケースや、級友にいじめられた子のケース。年度の途中で支援級に移るのは難しく、翌年度まで待つことになるという情報もあった。

自宅で涼子さん(下)と指人形で遊ぶ広希君．

だが、保育園の園長や入学先の小学校の校長は、支援級ではなく通常学級を勧めた。「広希君には通常学級で学ぶ力が十分ある。少人数の支援級に入ったら、集団で学ぶ機会が奪われる」。そして、市教委から届いた決定通知は「通常学級」。数日後、涼子さんは意を決して市教委に電話し、異議を申し立てた。「納得できないです」

文部科学省の手引によると、障害児の就学先は最終的に市町村教委が決定するが、本人の教育的ニーズを踏まえ、本人・保護者の意見を最大限尊重しつつ合意形成を図ることが重要とされている。

約1週間後の22年12月上旬、涼子さんは市役所に呼ばれ、市就学相談委員会の会長、小学校長、保育園長らと向き合った。会長らは、やはり広希君の通常学級入りを強く勧めた上で、新しい提案をした。広希君が通常学級でつらくなったら、1、2週間で支援級に移れる対応を取る――。涼子さんの心は揺れた。

翌日、夫婦と広希君の3人で小学校を見学することにした。

広希君は、支援級の授業を体験した後、通常学級を廊下から窓越しに覗いた。30人余りの児童がいる教室をじっと見つめながら、はっきりと言った。「みんなと一緒のこっちがいい」

支援級の良さを言い聞かせてきただけに驚いた。「みんなと一緒に勉強したいんだね?」。涼子さんが確認すると、広希君はうなずいた。通常学級入りを決心し、涼子さんは思った。「もっと自由に学ぶ場を選べて教室を行き来できるなら、こんなに悩まないのに」

気持ちを整理したのもつかの間、年が明けた23年1月下旬、小学校の体験入学の日のことだ。近くにいた母親たちの小声の会話が耳に入った。「あの子、支援級に入るんだね」「やっぱりね。保育園でもちょっと変わってたもん」

偏見ってあるんだ――。涼子さんは一瞬で心細くなった。広希君が通常学級でふつうの子に合わせられずにいじめられたり、先生に「やる気がない子」と烙印を押されたりしないか。支援級に移ることになったら、見下されるのか――。周囲の「ふつう」に広希君も自分も押しつぶされないか、怖い。

息子と向き合い、自分の「ふつう」に気付く

県北部に住む佳奈子さん(45、仮名)は弱り切っていた。小学6年生の長男、航一君(12、仮名)を特別

支援学校の見学に何度も誘ったが、首を縦に振らない。航一君は「みんなと違う学校に行くのは嫌だ」と不機嫌そうに言っては、口をつぐんだ。

航一君は自閉スペクトラム症と軽度の知的障害があり、地域の小学校の支援級で学んでいる。2022年6月上旬、小学校で定期的に開かれる航一君の支援会議でのことだ。教頭や学年主任ら10人ほどが集まった席上、航一君が学校で荒れていることが報告され、佳奈子さんは驚いた。

担任の机の物を投げる、担任の顔を叩く、教室のドアを外れるほど蹴る……。暴れて手がつけられなくなり、隣のクラスの教員や教頭が止めに入ることもあったという。家ではかんしゃくを起こす回数が減って航一君の成長を感じてもいただけに、佳奈子さんは学校での乱暴ぶりを知らされ、身がすくむ思いがした。「衝撃と申し訳なさで、その場から消えてしまいたい気持ちになった」

会議の後、支援級の担任から、中学は地域の学校だけでなく特別支援学校中学部を選択肢に入れてはどうか、と言われた。動揺したが、時間は少ない。すぐに検討を始めた。

航一君は急な予定変更が苦手で、小学校がある平日に特別支援学校の見学に誘っても納得しない。ある日、支援学校の校舎に何とか入り相談室の前まで来たが、「帰りたい。嫌だ」と怒った。結局、見学せずに帰った。

佳奈子さんは学校を比較した表を作り、航一君に見せた。特別支援学校は「イライラしたり、困ったりした時も先生がたくさんいるから助けてくれる」、地元の中学校は「先生が1人だから自分で我慢するしかない」――。それを見ても航一君は「(特別支援学校には)行かないよ」と繰り返した。

10月、航一君は気持ちを落ち着かせる薬の服用を始めた。だがその後、教室で連絡帳を書いていた

地元中学校への航一君の「入学通知書」を見つめる佳奈子さん.

航一君は、ある子が電気を消したことに怒り、その子を叩いてしまった。「中学でこんな問題行動をしてしまったら……」。佳奈子さんは航一君が誰かを傷つけてしまうのが怖かった。支援が手厚い環境を選びたかった。

ただ、人との距離の取り方に困難があるものの、航一君は人と話すこと、喜ばせることが大好き。学校に行くのを嫌がったことはない。低学年の頃から関わる相談員は「本人の気持ちを大事にした方がいい」との意見。面談した特別支援学校の校長は、修学旅行やクラブ活動に参加した時の航一君の様子を聞き、「地域の中学に行ける力があるのではないか」と言った。佳奈子さんは11月、地元中学校への進学を希望すると小学校に伝えた。

その後、教育委員会の就学相談委員会は、航一君の学びの場を「地元中学校の支援級」と判定。12月、佳奈子さんはその判定結果を小学校長から伝えられた。

23年2月の夕方、放課後等デイサービスの一室。航一君の表情は穏やかで明るい。この日、中学校の見学と授業体験に行き、デイサービスの職員たちに「小学校のみんなで行ったんだよ」「数学をやった。難しいんだよ」と、うれしそうに話した。

最近の航一君は、小学校でも落ち着いているという。進路を巡る混乱が決着した今、佳奈子さんは航一君の意思を大事にするよりも、周りの目を気にして迷惑をかけまいと必死だった自分に気付く。思い返せば、幼い航一君の発達の特性に気付いた時も、障害の診断を受けた時も、気持ちの中で受け入れるのに時間がかかった。すべては、佳奈子さん自身が「ふつう」でありたいという気持ちを拭い去れなかったから。

「航一を育てることを通して、私が変わらないと」。気を取り直し、前向きに息子とこの道を進もうと思っている。

（2023年2月14〜20日の記事に一部加筆）

ZOOM UP❷

特別な支援が必要な子の増加をどう考えるか

文部科学省は2022年12月、公立小中学の通常学級に発達障害の可能性がある子が8・8%在籍している、との調査結果を発表した。10年前の12年に実施した前回調査と比べ2・3ポイント上昇。公立小中学校で特別支援学級(支援級)が増え、学級数全体の約2割を占めるまでになっているにもかかわらず、30人の通常学級にさらに2、3人、学習や行動面で著しい困難がある子が在籍している——。データはそう示している。

この調査は、全国の公立学校への抽出調査による推計で、医師などの専門家ではなく学級担任が記入し、学校にいる特別支援教育コーディネーターや教頭による確認を経て回答されたもの。通常学級の担任から見て、「学習面又は行動面で著しい困難を示す」とされた子の数だ。「学習面の困難」とは、聞くこと、読むこと、書くこと、計算すること、推論することなどに著しい困難があることを指し、「行動面の困難」とは、不注意だったり、多動性があったり、対人関係の困難があったりすることを指している。一般に、学習障害、注意欠如・多動症、自閉スペクトラム症といった発達障害に分類される兆候が子どもにみられるかを尋ねる内容だ。

長野県では県教育委員会が、公立の小中学校と義務教育学校の通常学級において、発達障害の診断・判定を受けている子と、診断・判定を受けていないものの発達の特性があるとみられる子の数を、各学校を通じて独自に調べている。こうした児童生徒が全体に占める割合は22年度に9・4％で、文科省の調査に近い結果となった。一体、この数字をどう見るべきだろうか――。

「教員数が圧倒的に足りない」

現場の教育長からは、学校で「困難」を抱える子が増えている状況を踏まえ、教職員だけでは学習や生活の指導が難しくなっているとの訴えが聞かれる。ある教育長は「教員は一人一人の個性をしっかりみる必要がある」とした上で、「頑張っているが、1人の担任がすべてをみるのは限界がある」とする。別の教育長は「家庭での成育歴が行動に表れている子もいる」とし、学校で困難を感じている子どもの背景にあるのは、発達の特性だけではないという見方を示す。「教員の力量も求められるが、教員の数が圧倒的に足りない」と訴えた。

信州大学医学部子どものこころの発達医学教室の本田秀夫教授は「通常学級には発達の特性がある子が1割いるという前提に立つべきだ」と強調する。「その子たちを排除しないで、学ぶ環境をどうつくるのか真剣に考えないといけない」と警鐘を鳴らし、義務教育の一斉授業、同一の宿題を問題視。「もっとその子に合った個別最適な学習を増やす必要がある」とする。

信州大学教育学部の下山真衣《まえ》准教授は「特別支援学校の自立活動専任教員や通級指導教室の教員は、学級づくりや授業に生かせるアイデアを持っている」と言う。アイデアの具体例として、机の上に出す物をスライドで映して子どもに分かりやすく表示することや、忘れ物をしても授業に参加できるよう、予備を準備しておくことを挙げる。「目の前の子の特性に合わせて学級や授業をデザインする発想が学級担任に求められる。専門的な教員と協働し、学校全体でアイデアを共有することが大事だ」と話す。

学校が変わらなければ、発達障害は増え続ける

「子どもを座らせなくちゃ、静かに話を聞かせなくちゃと先生が思えば思うほど、発達障害は増えますよ」。大阪市立大空小学校初代校長の木村泰子さんは、発達障害の子が増える原因をこう指摘する。大空小は、木村さんの方針で特別支援教育の対象の子と障害がない子が同じ教室で学び、補助教員や地域住民、学生ボランティアを積極的に受け入れて運営。ドキュメンタリー映画などで紹介された。木村さんから見れば、言うことを聞かない子に困った先生が、子どもを「特別」な存在にしてしまう。「学校が変われば発達障害は生まれない」と言う。

木村さんは、「全国学力・学習状況調査(全国学力テスト)」が悪い影響を及ぼしているとする。「本来は現場の教員が子どもに指導内容がどの程度伝わっているかを確認するための学力調査なのに、自治体の首長とかがこの数字を見て、『うちの自治体は何番目だ』と比較する」。これが現場への圧力になる、というのだ。「教員が子どもに押し寿司のように知識をインプットしようとし、正確にアウトプットさせようとする。そして教員は疲弊する。こういう負の連鎖が発達障害を増やしている」

でも、支援級では「手厚い支援」をしてくれるのではないのか? 木村さんにそう問うと、

「本人はありのままの自分なのに、医学が勝手に診断名を付けて、あなたは周りと違ってハンデがある、みんなに追いつくために配慮しますよ、なんていうのは人権侵害ですよ」と言った。子どもの一番の支援者は大人ではなく「周りの子ども」であり、「周りの子が豊かに育てば、障害は長所に変わる」とも。

木村さんは、学校の最上位の目的は「すべての子に学習権を保障すること」だと強調する。「子どもがありのままの自分を出し、毎日トラブルを起こし、このトラブルを生きた学びにすること。それが教員の仕事であって、(支援級に)抜き出すことではない」とする。「不登校の子も急激に増えている。そのうちに『ふつうの子』はどこにもいなくなりますよ」

22年度の問題行動・不登校調査によると、全国の国公私立の小中学校における不登校の子は29万9048人で過去最多を更新。前年度より5万4108人増えた。学校の「ふつう」が苦しい、適応できないという意味において、発達障害の子の増加と不登校の子の増加の根は、つながっていると考えられる。

(2023年3月10日の記事に大幅加筆)

きらめく世界❶

オリジナルキャラ、広がる物語

自閉スペクトラム症や注意欠如・多動症など発達障害に分類される特性がある人の中には、独特なものの見え方や感じ方をしている人がいる。コラム「きらめく世界」では、特性を抱えつつ魅力あふれる作品を生み出す表現者たちを紹介する。

牛乳パックと色付き粘着テープで作ったユニークなキャラクター、「スタモン」。末次拓実さん(25)の自宅のロフトスペースは、自作の約500体のスタモンで埋め尽くされていた。

末次さんは自閉スペクトラム症の傾向がある。どこか愛嬌があるオリジナルのキャラたちのことを、彼は「モンスター」の文字を並べ替えてスタモンと呼ぶ。変な発明ばかりする自称天才科学者の「ドクターブブル」。運動不足の子たちの味方で、運動の国からやって来た「ウンドウマン」……。動物、ロボット、父親の靴下など、スタモンの着想とデザインの独創性は見る人を驚かせる。

末次さんの自宅のロフトスペースには「スタモン」がぎっしり.

几帳面な性格。制作予定を決めてノートに記す。イメージ図を鉛筆と色鉛筆でスケッチブックに描き、それに従って細部まで丁寧に仕上げる。

子どもの頃から物作りが好きで、スタモン作りは特別支援学校小学部5年の時に始めた。高等部を卒業し、2017年、県内の障害がある人たちの表現や芸術作品を集めた「ザワメキアート展」に入選した。現在は社会福祉法人のアートスペースを利用している。

「スタモンを作ることが自分のやるべきこと。ただ作りたいだけ」と笑顔で言う。スタモンたちの世界に物語を作り、自らナレーションをしながら数分間の動画にまとめてYouTubeにアップするのも楽しみの一つだ。動画は「スタモンロックミン」で検索できる。

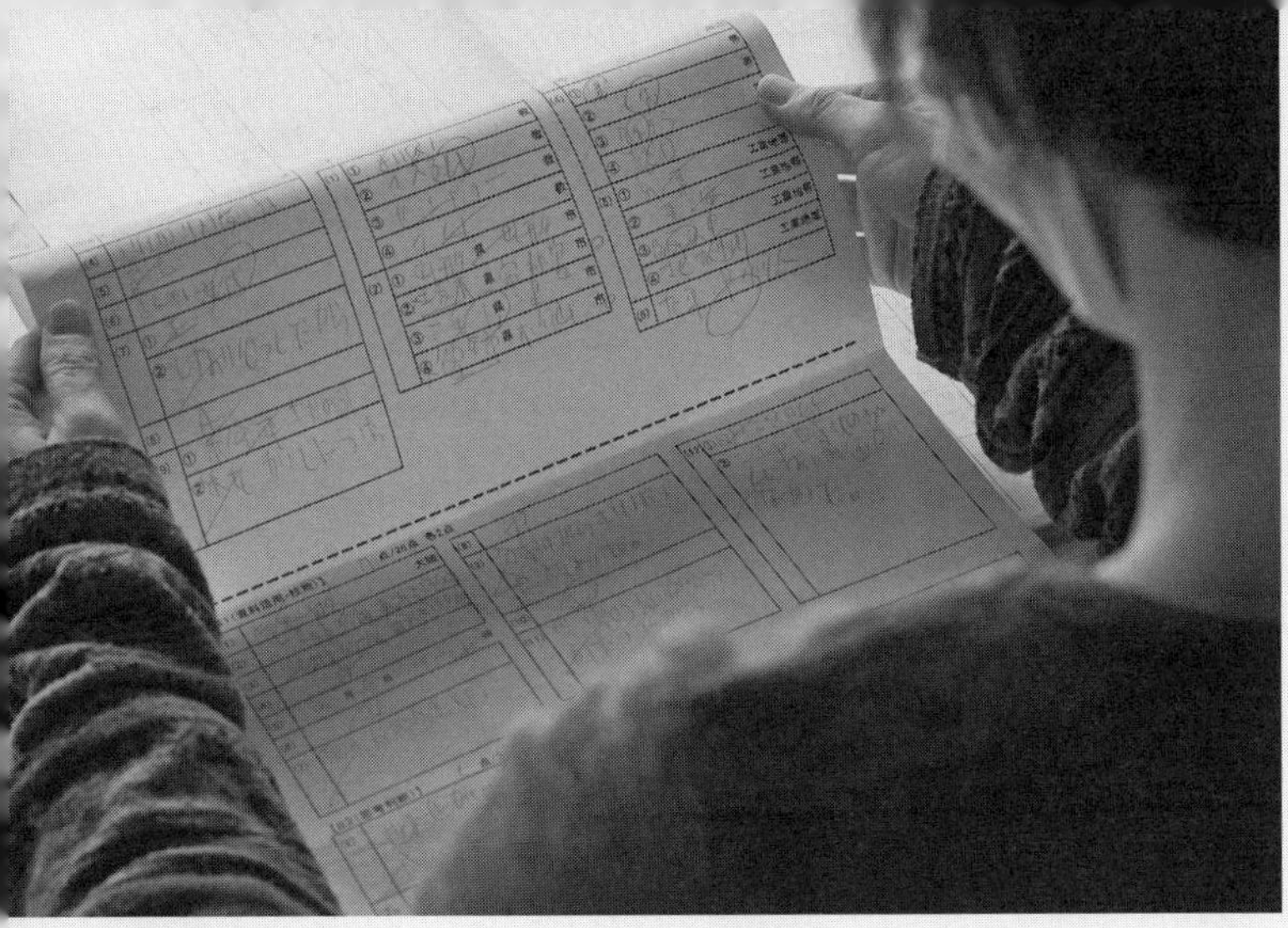

第3章 インクルーシブ教育の虚実

亮平さんが中学生だった頃の答案を見返す京子さん．➡91 頁

障害がある児童生徒が学ぶ環境は、約20年の間に大きな変容を遂げた。2012年に中央教育審議会が「インクルーシブ(包み込む)教育システム」構築のための特別支援教育の推進に関する「報告」をまとめたのを受け、制度上は障害がある子への個別の支援が充実してきているように見える。だが、発達障害だと「早期発見」される子が増えるのに伴い、義務教育では特別支援学級(支援級)が増えている。「特性がある」と「発見」された子は、「ふつう」の子たちが学ぶ通常学級からどんどん分離されている。国連は22年9月、日本の特別支援教育は「分離」教育であるとして改善を求める勧告を出した。文部科学省は勧告に反発したが、分離の先にある学びの場には、特性に関係なく子どもたちを「包み込む」教育があり、手厚い支援が待っていると本当に言えるだろうか。取材すると、理念とは懸け離れた現実が見えてきた。

子どもたちを分け隔てるIQ検査

検査を始めてまもなく、不安が的中した。知能検査の一種、WISC−Ⅳ(ウィスク・フォー)の問題集の絵を見せて質問すると、男児は小声で何か言った。正答を口にしたようだったがよく聞き取れず、「もう一度言ってくれるかな?」と問い直した。だが男児は「分からない」と言い、おびえた表情で黙り込んでしまった。

2021年10月、長野市教育センターの主任指導主事、北沢浩美さん(65)は、年長の男児と相談室の机で対面していた。男児は自閉スペクトラム症。22年度に入学する小学校で通常学級と特別支援学級(支援級)のどちらに進むかを判定する参考にするため、この日、検査を受けていた。

センターに就学相談で来所する子どもは年長児から中学生までで、相談件数は年間約500件。県内の市町村で最多規模だ。このうち約300人の子は、3種類ある児童向け知能検査のうち、汎用性が高く、世界的に使用されているウィスク・フォーを受ける。検査は北沢さんら10人の相談員が担う。

特別支援学校などで教え、小学校長を退職した18年に相談員となった北沢さんは、年間50〜60人の就学相談を担当する。保護者や先生から状態を聞き取ったり、学校に様子を見に行ったり。とりわけ保護者や学校関係者が注目しがちなのが、知能検査だ。

北沢さんは、この男児が検査で力を出せるか最初から気がかりだった。母親と離れて殺風景な相談室に入り、見知らぬ大人と2人きり。革張りのかばんから出てきた問題集と検査器具を見て、男児は

知能検査の問題集などが入った専用かばんを開ける北沢浩美さん．

落ち着かない様子だった。序盤のつまずきで緊張し、1時間余りの検査の前半は力を出し切れていないように見えた。

検査の結果、知能指数(IQ)は80。知的発達が平均的範囲と知的障害の中間に当たる「境界知能」とされる水準だった。男児について、「当面取るべき措置として特別支援学級が適当」とする報告書を作った。報告書は市教育委員会の教育支援委員会に提出され、男児の学びの場を決める資料となる。だが北沢さんは「本当は、通常学級に適応できる90は出ていたかもしれない」と感じていた。

県東部の中学校の支援級に通うある男子生徒(12)には軽度の知的障害と、自閉スペクトラム症と注意欠如・多動症の特性がある。小学3年の時、教師に強く勧められて医療機関で知能検査を受けた。母親は医師から、息子に自閉症がありIQは60台だと告げられた。その時は「自閉症」という言葉に意識が奪われたが、その後、IQへの違和感がだんだん膨らんだ。

支援級には種類があって「自閉症・情緒障害」と「知的障害」に大きく分かれ、IQを判断材料に子どもの学びの場が分けられていると知った。主要教科以外の時間は通常学級で過ごすが、通常学級の子たちとはどこか距離がある。クラス対抗のスポーツ大会では、何も意思を確認されないまま息子は「見学」にされた。

息子は小学5年の時にも知能検査を受けた。数値は前回検査より下がったが、母の目から見ると、2年間で息子は体を使った表現力や芸術的な感受性が伸びた。「日々の成長は加味されず、人の一面しか見ないＩＱで子どもを分けるのは、親としてたまらなくつらい」。そう言って、目に涙を浮かべた。

「検査者と子どもの相性、その日の状態によって検査結果は変化するんです」。かつて知能検査を担ったことがある元教員は、そう指摘する。この元教員が長野市の教育支援委員会の委員だった10年ほど前には、安易に支援級や特別支援学校の判定を出さないよう、1人の子について30分くらいかけてじっくり議論した。元教員は別の自治体の教育支援委員会にも関わったことがあるが、そこではそこまで時間をかけずに判定を出していた。「市町村によって、検討の質は異なる」という。

1人ずつ慎重に検討して報告書を作っているものの、市教育センターの北沢さんには「葛藤がある」。ＩＱが重視される今の就学先の判定は、「分離」や「排除」の仕組みになっていないだろうか――。

報告書に「特別支援学級が適当」と記したあの子は、「あれでよかったのか」。今も、気持ちの中で何かが引っかかっている。

「個別最適な学び」はかけ声だけか

強い寒気の影響で冷え込んだ1月下旬の朝。長野県東部と群馬県境に位置する浅間山の麓、私立サ

登園後，長男に手を振って見送る川島豊さん．

ムエル幼稚園（御代田町）では、子どもたちと送迎の保護者の白い息が弾んでいた。自営業、川島豊さん（40）と年長児の長男（6）は、いつものように手をつないで園舎に入っていった。

長男は対人関係が苦手な自閉スペクトラム症と診断され、軽い知的障害もある。川島さんは検討の末、4月からの長男の就学先には県立特別支援学校の小諸養護学校を選んだ。上着を脱ぎロッカーにかばんを入れ、大部屋に集まる友達の輪に駆けていく長男。後ろ姿を見送って川島さんは言った。「（他の子と）分ける必要なんて、本当にあるんですかね」

２０１８年４月開所のサムエル幼稚園は、障害の有無にかかわらず子どもたちが一緒に活動する「インクルーシブ教育」を掲げる。周りの環境を調整して子どもの問題行動を改善する心理学の手法、応用行動分析学が専門の奥田健次さん（51）が開き、川島さんも教育方針に賛同して長男の通園先に選んだ。

川島さんの目には、幼稚園で障害や発達の特性がない子と混ざって過ごすことが、長男の発達に良い刺激になっているように見えた。年長になり、来年に迫った就学先をどうするか――。22年6月、夫婦で本格的に検討を始めた。

見学した小諸養護学校は1人の教師が受け持つ子が少なく、「目が行き届いている」と感じた。ただ、長男は既に平仮名や数字を覚え始めている。妻(39)は「もっと興味や関心を伸ばすには、養護学校のカリキュラムは物足りないよね」と言った。同感だった。

そこで夫婦と長男の3人で地元佐久市の小学校に見学に訪れた。だが、支援級の担任をしている女性教師の言葉は、夫婦を落胆させるものだった。「個別の配慮を求めるなら、養護学校に行かれた方がいいかもしれないですね」

通常学級と異なり、障害がある子に対応する支援級は法令上、児童8人が上限。川島さんは「環境の変化に敏感なうちの子にも個別の配慮をしてもらえるだろう」と思い、どの程度の配慮が可能か、聞きたいと思っていた。

夫婦はこの日、サムエル幼稚園に併設された児童発達支援事業所で、長男が日頃使っている平仮名の学習カードを持参。妻はカードを教師に示し、親が教室に一緒に入って協力するから学習に取り入れてほしいと提案した。だが、教師は表情を曇らせて言った。「ご期待にお応えするのは、ちょっと難しいです」

川島さんは、障害の程度で子どもの就学先を分ける今の日本の教育制度への異論を、奥田さんから聞かされてきた。「工夫をしながらみんなと同じ環境で過ごしていけば、それがふつうになり、自分と異なる人への差別意識はなくなる」。奥田さんの言葉に共感してきた川島さんは、地元の小学校を簡単には諦められなかった。

そこで隣接学区の小学校の支援級も見学した。支援級の担任は、平仮名の学習カードの活用などに前向きだったが、多様な子が在籍しているため「配慮できないこともある」と言った。結局、夫婦は就学先を小諸養護学校に決めた。

川島さんが最初に見学した小学校の教頭は取材に、「個別の対応に最大限努めている」と強調した。ただ「特性や学年が異なる子たちを指導する支援級で、1人の担任が要望にすべて応えるのは難しい。特別支援学校のような手厚い配慮は確約できない」とする。

文部科学省は、多様な子どもたちを誰一人取り残すことなく育成する「個別最適な学び」の充実を掲げる。だが現実には、文科省が言う「個別最適」と、川島さんが考えるインクルーシブ教育は違っていた。「個別の配慮はスローガンだけ。一人一人の先生の属性や理解に任されているのが実態で、システムになっていない」。川島さんはそう感じている。

小学校は受け入れに消極的だった

2月半ばのある午前中。冷え冷えとした安曇野市内の小学校の講堂で、支援級が体育の授業をしていた。講堂の内周を子どもたちが元気に走る。この日、特別支援学校小学部1年の隼人君(7、仮名)は「体験入学」で授業に参加していた。

隼人君は自閉スペクトラム症と軽い知的障害の診断を受けている。普段は県内の特別支援学校に通うが、母親の和子さん(47、仮名)は、この小学校の支援級に転学させてくれるよう、学校や市教育委員会に掛け合っている。

転学を視野に入れた体験入学は、前年10月半ばに始めた。隼人君は口数は少ないが会話ができ、同年齢の子たちと一緒にいるのは楽しそうだった。帰り際、「もっと学校にいたい」と和子さんにつぶやいた。

体験入学は2月のこの日で4回目。隼人君は走ることが得意で、同年代の子を追い越していく。そんな生き生きとした隼人君の姿が、和子さんにはかえってつらかった。「最初から小学校に入れていれば…」。親として「判断を間違った」という自責の思いが、和子さんの焦りを膨らませていた。

市内の公園を散歩する和子さんと隼人君.

隼人君は県中部の認定こども園に通っていた。和子さんが隼人君の発達の特性に気付いたのは年少の頃。参観日にみんなと一緒に歌えず、和子さんに駆け寄った。落ち着きのない時もあるが、子育てで困ることは少なかった。会話も交わせるため、和子さんは「小学校は支援級に」と考えていた。だが、就学先の選定は紆余曲折をたどった。

就学先の検討が本格的に始まったのは、年長だった21年6月。こども園の園長や担任、小学校の教師2人と初めて就学相談をした時のことだ。「支援級に入るのはちょっと無理かもしれません」。小学校で特別支援教育コーディネーターを務める女性教師は、隼人君の様子を見て言った。コーディネーターは学校内の特別支援教育の中核的な存在で、保護者の窓口にもなる。その言葉は、和子さんの胸にずしりと響いた。

9月、和子さんはこども園の保育士と特別支援学校を見学。障害の特性が強い子が多く、教室内では子ども同士の会話はほとんどなかった。「隼人君にはちょっと違う感じだね」。保育士の言葉に和子さんはうなずいた。

一方、小学校の考えは違った。隼人君は今度は小学校の支援級を体験したが、課題に渡された塗り絵の手を止めて教室の外に出て行った。その行動を見た当時の教頭は、「(支援級は)ちょっと難しいかもしれませんね」と言った。「小学校は消極的なんだ…」。地域にいる子どもたちから離れて特別支援学校に行くしかないのだと、和子さんは腹を決めた。

しかし、10月にこども園で開かれた2回目の就学相談の会議で、市教委に設けられている心身障がい児就学相談委員会の調査員は正反対の見解を述べた。隼人君の様子を見た後、「隼人君のような子が特別支援学校に行くのは珍しいです」と、小学校の支援級を勧めた。「えっ?」。和子さんは動転した。調査員に、その言葉の理由を聞き返す心の余裕もなかった。

特別支援学校は、入学を希望する場合には10月末までに希望を出すよう求めていた。隼人君の場合、事情を酌んで期限を11月上旬まで1週間延長してくれたが、家族の悩みは一向に解決しなかった。

こども園の園長は初めから「特別支援学校を視野に入れた方がいい」との立場。だが、県立こども病院の主治医は「支援級でいいと思う」と言った。

考えれば考えるほど、小学校の教員と教頭の言葉や態度が頭に浮かんだ。「受け入れに消極的な学校に隼人を行かせても安心できない」。それが家族の結論だった。特別支援学校に入学を希望する意向を市教委に伝えた。

学びの場を巡る迷走

22年4月から特別支援学校小学部に通うようになった隼人君。だが、「どうして僕はみんなと同じ学校に行けないの？」との思いを、和子さんにぶつけた。

和子さんは、隼人君が認定こども園の年長だった前年6月以降、就学先の相談や検討の経過を細かく記録している。園や学校の先生、市教育委員会の担当者が集まる就学相談で言われたこと。学校との懇談の内容や、小学校で体験入学をした時の隼人君の様子……。ノートパソコンを使い「ですます調」で書いた記録は、A4判の紙で85ページある。

記録によると、和子さんは22年7月、特別支援学校で開かれた支援会議で、「隼人を2年生から支援級（小学校の特別支援学級）に転校させたい」と伝えた。

小学校と特別支援学校の担当との話し合いを経て、隼人君の体験入学が始まったのは、それから3カ月経った10月中旬。2回目は11月下旬日だった。新型コロナウイルスの感染拡大を理由に、22年中の体験入学は2回だけだった。

和子さんは毎回付き添ったが、隼人君は授業中に教室から飛び出すこともなく、席に座って話を聞き、周りの子たちから浮いた様子はなかった。和子さんはこの段階では、「来年度から転学できる」という前向きな気持ちでいた。

12月から年開けの23年1月に小学校、特別支援学校の担当者らとの話し合いが3回開かれた。小学校の教頭が「体験の回数が少ない。期限を決めずにゆっくり進めたい」と言った。事実上、4月からの転学は認められないという宣告だった。

当初から隼人君は支援級で大丈夫だと言っていた県立こども病院の主治医は、「どうして転学にそんなに時間がかかるのかねえ」といぶかった。和子さんの胸にあの不安がよみがえった。「やっぱり、小学校は隼人を受け入れたくないんだ」

小学校の体験入学が再開したのは2月。計5回の日程が組まれ、和子さんは隼人君の小学校での様子を見た。

記者は2月下旬、小学校で校長と教頭に話を聞いた。教頭は22年度に赴任したばかりで、隼人君の家族が前の教頭から「ちょっと難しいかもしれない」と難色を示され、支援級への入学を諦めた経過を知らなかった。3月に再び小学校を訪れた際、校長は「お母さんがそこまで苦しんだとは聞いていなかった」と言った。こども園や特別支援学校、小学校の担当教員から「一人一人の細かい情報までは入ってこない」と説明した。

この小学校は児童数が多く、支援級の数は県内で最多の規模。発達障害があるなどで支援級に在籍している子は全校児童の約1割に上るという。

校長は「慌てて支援級に転学した結果、なじめずに再び特別支援学校に戻る失敗は許されない。体験を重ね、個別の支援計画をつくって慎重に進めたい」と説明。教頭は限られた職員で対応している現状に触れ、「どんどん来てくださいとは言えない。しっかり対応したいからこそ、時間をかけたい」と言った。

文部科学省がまとめた、障害がある子への教育支援の手引には、学びの場は「就学時に固定されてしまうわけではない」と書かれている。「可能な範囲で学校卒業までの子供の育ちを見通しながら(中略)柔軟な見直しができるようにしていくことが必要」とある。和子さん一家が隼人君の転学の意思を伝えてから8カ月経ち、体験入学は7回を数えた。柔軟な対応どころか、当事者や家族の意向が置き去りにされていないか——。

校長は言った。「本音はもっと柔軟にやりたい。でも教職員の配置や、市教委の会議にかけるなど必要な手続きを踏まなければならない。国が言うような柔軟な対応ができる制度になっていない」

和子さんの記録の一番新しいページは、2月の体験入学について記されている。そこにはこうある。「あと何回、支援級を体験するか分かりませんが、これは根比べのようです」

その後、23年の2学期、隼人君はこの小学校への転学が認められた。和子さんによると、算数や国語は支援級で学びながら、通常学級で体育や音楽の授業も受けている。隼人君は友達もできて楽しそうに通学しているという。

ある若手教師の日常

ある小学校で1年生の学級担任をしている詩織さん(仮名)は、叩き合ってしまった美咲さん(仮名)と光輝君(仮名)を廊下に出して叱った。「それはいけません」。2人の言い分を聞き、互いに謝らせて教室に戻る——。ほぼ毎日、こんなトラブルが続いている。

詩織さんは、支援級に在籍しているが教科によって学びに来る1人を含め、計33人の子を受け持つ。

詩織さんから見て、このうち5人に発達障害と思われる特性がある。美咲さんと光輝君は発達障害との診断は受けていないが、特に個性的だ。

美咲さんは友達を叩くことがある。光輝君は言葉もきつく、叩かれると思い切りやり返す。発達障害などの子をサポートする支援員の先生が1人配置されているが、2人はこの先生を奪い合っていて関係は良くない。

詩織さんは、できるだけ子どもたちを見回し、全体を意識した授業づくりを心がけている。それは、別の学年の学級担任をしていた前年度、手痛い経験をしたからだ。

その学級で、支援級から来る子の対応にかかりきりになった。すると、他の子たちが言うことを聞かなくなった。ある日、廊下に貼ったクラスの集合写真で、詩織さんの顔の所に画びょうが刺さっているのを見つけた。

「自分に責任があるんだろう…」。自分を責めた。体調不良が続き、心療内科に通った。朝、ベッドの中でスマートフォンで転職サイトを見る日が続いた。涙があふれ出た。

小学生の頃から教師になるのが夢で、大学時代は熱心に勉強した。特別支援教育の免許も取得し、模擬授業なども重ね、他の学生より努力したという自負があった。子どもたちに分かりやすく教える教師像を思い描いていたが、現実は違った。子どもたちは楽なことに流されやすい。頭では分かっていたが、実感は伴っていなかった。

気持ちがぐちゃぐちゃになった夜は、スマホで教師たちの交流サイト(SNS)にその日の出来事や自分の気持ちを投稿した。

「男子生徒が『先生を殺せ！』と言った」「私がイライラしているから子どもたちが反発するのだろう」……。事実をできる限り淡々とつづった。子どもについて悪態をつきたい自分もいるが、それを言葉にしたら本当に気持ちが折れてしまいそうな気がした。

ＳＮＳに投稿することで、その日頑張った自分を確認した。ＳＮＳの参加者から、子どもが良い行動をした時はしっかり褒める、子どもにひどいことを言われた時は軽く受け流す――といった対処法を返信でもらっては、気持ちを立て直した。

子どもたちのことはかわいいと思う。だが注意しても繰り返す子に腹が立ち、「いいかげんにしてほしい」と思うこともある。トラブルが起きても、「自分だけの責任ではない」と考えるようにしている。そうすると心が軽くなる。

詩織さんはテスト中，読み書きが苦手な子どもに問題文を読み上げて支援している．

詩織さんから見て、美咲さんは支援級に移った方が幸せだろうと思う。保護者には共感を示しながら美咲さんの学校での様子を伝えるが、「家でちゃんと言っておきます」と母親は言う。「適切な支援が受けられないのは、本人がかわいそう」。本当はそう伝えたいが、うまい言葉が見つからない。

保護者から見れば、自分は大学卒業から間もない未熟者。こんな先生は不安だろうな、と思う。正直に言って、保護者対応は苦手だ。

2月中旬の夕方。児童が下校した午後4時ごろから、詩織さんは来年度の入学児の学級編制作業に取りかかった。放課後、各教員は分担している業務の「校務分掌」をこなすが、中でも入学児の学級編制を考えるのは煩雑だ。保育園や幼稚園から届くデータをパソコンに入力し、子どもの特性を踏まえて最適なクラス分けを考える。「明日の授業準備はもういいや、と思う日もある」

学級崩壊を起こさず、子どもの成長を後押しできる「ふつう」の教師でありたい——。今はそう考えている。

高度化する「ふつうの学習」

県東部の小学4年のある教室。「それじゃあ練習問題、やってみよう」。3月、算数の「平面にあるものの位置の表し方」の単元で、担任の明子さん(51、仮名)が問題を指示した。すぐにノートに鉛筆を走らせる子がいる一方、机の上にノートを出しているが、手遊びを続けている子もいる。子どもたちの意欲や進み方はばらばらだ。

この学校には発達障害などの子をサポートする支援員が5人いるが、低学年の学級などで手いっぱいだ。明子さんは理科や音楽、外国語活動を除く教科を1人で教える。学級には発達障害の子が3人。どの子も学力は高いが、作文や工作など苦手なものがある。他に漢字を覚えられない子、計算が苦手な子がいる。

前年の5月と9月、明子さんは子どもたちに割り算の筆算を教えた。教員になって30年弱。高学年の学級担任を長く務めた経験から、割り算でつまずくと5・6年の算数はますます難しくなることが目に見えている。教科書の教員用指導書には授業時間数の目安は計20時間とあるが、約30時間を使った。

黒板で説明した後で振り返ると、聞いていない子、理解していなさそうな子に気付く。それでも先に進まなければならない。

文部科学省は2011年度に全面実施した小学校の学習指導要領で、それまでの「ゆとり教育」を転換した。学習内容を増やし、授業時間数を約30年ぶりに増やす一方、ゆとり教育の目玉だった「総合的な学習の時間」を約3割削減。国が転換に動いた背景には、03年の経済協力開発機構(OECD)の学習到達度調査(PISA)で日本が国別の順位を落とした、いわゆる「PISAショック」があった。

学力低下への危機感から、学習指導要領の内容は教科学習をより下の学年で行う「前倒し」が進む。20年度に全面実施された小学校の新指導要領では、英語に親しむ「外国語活動」が3・4年生に前倒しされ、5・6年生には英語が正式な教科になった。思考力や判断力、表現力が重視され、目標を実現する筋道を論理的に考える「プログラミング的思考」の導入も盛られた。明子さんは、授業時間が足りなくなり、減らされた総合的な学習の時間をさらに「他の授業に流用している」と明かす。

国語は調べて文章にまとめ、発表する単元が増えた一方、物語や説明文を読解する時間が減った。明子さんの学級でも災害への備えや、伝統工芸の魅力といったテーマをグループで調べ、発表する授業をしている。だが、学力が低い子や発達障害の子の中には、話し合ったり文章にまとめたりするこ

算数の授業で，答え合わせをする児童に説明する明子さん（右から２人目）.

とが難しい子がいる。

「中学、高校でも発表の機会が増えている。社会に出て必要な力なのは分かる。でも、何をどう調べればいいのか困る子が、目の前にいる」


県北部の小学校で自閉症・情緒障害専門の支援級の担任を務める祥子さん（仮名）は、特別支援教育のベテランだ。「指導要領がすべて悪いわけではないと思うんですけど…」と話し始めた。

発達障害の子がいる自閉症・情緒障害の支援級では、通常学級と同じ指導要領に沿った教科指導をするのが原則。算数の応用問題ができない子に無理にやらせれば苦しくなる。でも教科書にある以上、「できなくてもいいんだよ」とは、なかなか言えない。できる限りの支援をどうやるのか、葛藤が続く。

祥子さんが子どもの頃は45人学級で、自閉スペクトラム症や注意欠如・多動症と思われる子が教室にいた。「先生は細かいことを言わなかったし、いろんな子の生き方が認められていた。もっと緩かった」

でも今は違う。同じ作業が続く仕事はロボットに任せ、人間は「創造的なこと」が求められる社会になった。そうした社会の要請が、学習指導要領を通じて学びの内容の中に入ってきている。「最近、学校の学習でも物語を自分で作る、表現するといった創造的な学習が重視されている」。だがそうした学習は、特性がある子には苦手な場合がある。

例えば、23年6月に政府が閣議決定した第4期の「教育振興基本計画」(23〜27年度)には、「5つの基本的な方針」のトップに「グローバル化する社会の持続的な発展に向けて学び続ける人材の育成」が掲げられている。ここには、「少子化・人口減少が著しく進展する我が国がこれからも活力あふれる社会として持続していくため、質の高い教育により一人一人の生産性や創造性を一段と伸長させていくことが急務」(傍点は引用者)と明確に書かれている。この基本計画は、企業経営者や東大教授らが参加する中央教育審議会部会がまとめた「答申」がベースになっている。部会での議論では、「グローバル社会における人材」や「イノベーション(技術革新)をけん引する人材」の育成の重要性が強調されている。

「結局、『創造的な人材』を国が求めている、ということなんでしょうか」。祥子さんはそうつぶやいた。

全日制高校、門前払いの対応

長野市の市街地から山間地に向けて路線バスに揺られて約30分。秋深まる2020年11月下旬の朝、山あいにある県立の全日制普通科高校の校門前のバス停に、京子さん(48、仮名)と、当時中学3年の長男の亮平さん(17、仮名)は降り立った。「気持ちは学校に伝わるはず」。京子さんは、亮平さんの進学先候補に選んだ同校の面談に懸けていた。

亮平さんは自閉スペクトラム症の診断があり、学習障害の傾向もある。中学では自閉症・情緒障害専門の支援級に籍を置き、通常学級の授業にも参加した。漢字が苦手でノートを取るのが難しいため、高校の授業ではタブレット端末の使用と、キーボードで板書を書き取ることを「個別の配慮」で認めてほしい――。京子さんは面談で話し合いたかった。だが、結果は期待とはまったく違った。

「高校は単位を一つでも落とすと留年になってしまう」。応接セットを挟んで、対応した教師は説明を始めた。「テストで点を取らないと単位はあげられない」「泣いても駄目。うちはそこにこだわっている」……。苦手な科目を尋ねられ、「数学の図形や理科の計算」と答えると、教師は「じゃあ、全日制は難しいかな」と言った。

「お言葉ですが、初めからできないと言われているようで、心外です」。京子さんは努めて冷静に返した。亮平さんには頑張ってもできないことがあること、塾も利用して努力する考えでいることを伝えた。簡単には引き下がれない思いだった。

京子さんは、亮平さんが中学2年生の時に私立を含む全日制の6高校を見学し、教頭らと面談してきた。定期テストの答案用紙を示し、亮平さんは小さな升目に字を書くのが苦手なこと、中学の授業でタブレットを使っていることを説明した。「1人だけ使っているといじめの対象になるかも」「入学したら一緒に考えましょう」……。高校側の反応はさまざまだった。相談時の印象を踏まえ、山間地にあるこの高校と、もう1校に志望を絞った。

10月に亮平さんの進路を巡って開かれた中学の支援会議では学習や学校生活の対応について、志望した2校の見解が文書で示された。京子さんはショックを受けた。2校とも、特定の生徒にだけタブレットの使用を認めるのは難しいと回答したのだ。

山間地の高校は少人数。直接話せば個別の配慮を認めてくれるのでは——。京子さんはそう考え、亮平さんと同校に出向いた。対応した教師はタブレットの使用を検討するとしたが、成績重視を強調して「全日制は難しいかな」とまで言い、京子さんは「まるで門前払い」だと感じた。

京子さんは、県教育委員会の高校教育課にこのやりとりを伝えた。同課の担当者の返答はこうだった。「高校の回答は問題ない。でも、受験はしてもらって構わない」

高校教育課に取材すると、当時の担当者は高校側の発言について京子さんに謝罪し、「もし志望校をそこに決めたら、(個別の配慮として)何ができるか考えましょう」と話した記録が残っているという。

この高校の副校長は、当時対応した教員から聞き取った内容として「個別の配慮ができないと伝えたつもりはなく、拒否する意図もなかった」と説明。「義務教育と違い単位を取って進級・卒業する高校の仕組みは、どの生徒にも話す内容」とした上で、「受験を検討している親子との面談には丁寧に対応している」とした。

亮平さんが生まれたのは発達障害者支援法が施行された05年。京子さんは、小学校入学前の支援会議で支援者の一人が言った「亮平君が大きくなる頃には、世の中はきっと変わっている」という言葉を心の支えにしてきた。だが、現実はそうはならなかった。

亮平さんは結局、県立高校への進学を諦めた。今は専門学校を卒業することを目指している。

「個別の配慮」を厭う高校

取材の待ち合わせ場所に歩いてくる祐介さん(21、仮名)のショルダーバッグで、赤地に白色の十字

スマートフォンでハローワークの求人票を眺める祐介さん．かばんにはヘルプマークが付いていた．

とハート形の「ヘルプマーク」が揺れていた。祐介さんは、求職中だ。

ヘルプマークは、外見から分かりにくいが周りの手助けや配慮を必要としていることを示すマーク。祐介さんは学習障害があり、文字を書くのが苦手だ。ヘルプマークは突然字を書くことを求められて困った時のための「お守り」だという。

普段、ハローワークやスマートフォンで求職サイトを眺めることが多い。今は文字を書く場面は少ないが、高校時代、祐介さんは「書くこと」に押しつぶされてしまった。

2017年4月、祐介さんは県東部の県立全日制高校の普通科に入学した。市街地から離れた静かな環境にある高校で、自閉スペクトラム症でにぎやかな所が苦手な自分に合っていると感じた。「大丈夫。やっていけそう」。そう思った。

だが、授業は想像以上に苦しかった。数学や英語は、黒板を見てノートを取ろうとするが、追いつかない。母の芳美さん(53、仮名)は「入学前にお願いした『個別の配慮』はどうなっているんだろう」と気になっていた。

祐介さんは中学で支援級に在籍。高校では板書をタブレット端末で撮影しないとノートを取るのは間に合わないと予想し、内申書に「個別の配慮」の必要性を記載してもらった。5月、高校の支援会議で、教頭は申し訳なさそうに言った。「特例というのは難しい。他の生徒の手前もあるので…」

特別支援教育コーディネーターの教員の助言で、祐介さんは、板書で重要な部分を示す黄色のチョークの文字だけはノートに書き取る努力をした。それでも1学期末のテストは、進級基準を満たさない「赤点」の科目が多数。そして、補習として出された課題の量に圧倒された。

家庭科の課題はテストと同じ問題が10枚つづられ、何度も答えを書く内容。数学は「百マス計算」を応用した「千マス計算」のプリントが20枚。生物は教科書10ページ分の全文書き取り……。字を書く課題ばかりだった。こんなにできない。いや、ちょっとでもやらないと——。祐介さんは自宅のごみ箱に課題を捨てては、また拾い出した。食欲が減り、弁当を食べずに学校から持ち帰る日もあった。家族も手伝って徹夜をして課題をやり、2年に進級した。だが、テスト後の膨大な補習課題は続いた。

祐介さんが2年生の18年12月、芳美さん宛てに、提出していない課題の一覧表が郵送で届いた。高校に出向くと、担任から「このままだと進級できない」と告げられた。転学か退学か、翌年1月までに答えを出すよう迫られた。

「よく頑張ったけど、学校は認めてくれない。もういいじゃない?」。2人はこの高校を諦める決心をした。祐介さんは私立の通信制高校に転学し、翌年度に卒業した。

受け皿として成長する通信制高校

中学で支援級に在籍していた生徒の卒業後の進路を調べた県教委のデータによると、22年度は卒業生の80％に当たる762人が高校に進学。このうち約6割の449人が公立と私立の全日制だ。このデータは一見すると、中学までの支援級の教師たちによる手厚い学習指導によって、高校は全日制に進学できる子が多い――と、受け止められそうではある。だが見てきたように、全日制高校は公立であっても、そして進学校でない学校でも、教職員が「個別の配慮」を厭うケースが後を絶たない。県教委は、中学の支援級で学んで高校に進学した生徒の何人が、同じ高校を卒業できたかについては調べていないという。

県内のある私立通信制高校では、生徒の約4割が公立高校からの転学者という。転学の理由は元の学校での「学力不振」や「人間関係」で、発達障害の子もいる。あるフリースクールの代表は「通信制などに転学した子は、挫折を味わい深く傷ついていることが多い」と話す。取材班は、全日制から転学して通信制で学んでいる子の声を聴きたいと試みたが、取材に応じることで挫折感をさらに深めてしまうため、話をしてくれる子が見つからなかった。

毎日学校に通わずに済み、レポートを提出するなどして単位を取得していく通信制高校には、中学まで不登校だった子や自分の好きな活動を重視したい子、働きながら学びたい子など、多様な子が学んでいる。この20年ほどの間、人口減少が進む地方を中心に全日制高校の統廃合が進む一方で、私立を中心に通信制高校は増加。国の学校基本調査によると、22年度の1年間に入学した人は全国で約10万5000人で、10年前の12年度の入学者に比べて4万人増えた。

公立の全日制高校が「学力重視」「個別の配慮はできない」などと言って子どもたちに正面から向き合わないでいる間に、通信制高校は学校に通いたくない子、通えない子の受け皿として確実に成長してきた。結果的に、通信制高校は多様な子どもたちに選ばれている、とさえ言える。

祐介さんが最初に通った高校の現在の校長は、特別な支援が必要な生徒には手立てを講じているとした上で、「うまくいかず、進路変更する生徒が出ることはある」とする。特別支援教育の指導員を定期的に高校に招いて助言を受けているとし、「われわれ自身が、知識を蓄えてできることを増やしていくことが重要」と話した。

母の芳美さんの周りには高校で不登校になったり、転学を経験したりした発達障害の子の親が複数いる。「高校の壁はやっぱり高い」。今もその思いは強い。

特別支援学校の見劣りする施設環境

県立の上田養護学校は、上田市を流れる千曲川の近くにある。1月下旬の昼、雪に覆われたこの学校の校庭に、知的障害がある小学部から高等部の子どもたちの歓声が響いていた。小学部4年1組の担任、永原正裕さん(33)は、校庭の築山をそりで滑る子たちを、下から緊張した表情で見守っていた。勢いよく滑り降りる子は、築山のすぐそばにある仮設校舎の壁に衝突しそうになる。永原さんは両手に寝具用マットレスを持ち、子どもたちが壁にぶつからないように受け止めていた。

上田養護学校は1979(昭和54)年に開校。当初の児童生徒は小学部と中学部、高等部計83人だったが、発達障害を併せ持つ子が増え始めた2000年代初頭から200人を超え、22年度は過去最多の234人が在籍する。教室が不足したため、校庭にプレハブなどの仮設校舎が3棟、さらに駐車場も設けられた。その結果、校庭の広さは開校時の半分ほどになった。築山のそばに仮設校舎が立っているのも、そんな学校の経緯が背景にある。

昼休みを終え、小学部の子たちがプレハブの教室に戻ってきた。火照った体にファンヒーターを付けた室内は暑く、半袖になる子もいる。だがヒーターは温度調節が難しく、消すと室温はすぐに外気と同程度にまで下がる。薄い壁越しに隣の教室の声も聞こえる。

発達障害の子の中には音や温度に敏感な上に、「暑い」などと言葉で訴えるのが苦手な子もいる。「いろいろ我慢していると思うんです」。永原さんは子どもたちをおもんぱかった。

上田養護学校の校庭で運動する高等部の生徒たち．仮設校舎（正面の２棟）を建てたため校庭は小さくなった．

上田養護学校では、教室を確保するために元々の校舎内のさまざまなスペースを切り刻んできた。通常の教室を2つに分けて使ったり、器具などを使って生活や学習上の困難の克服に取り組む「自立活動」の部屋や、気持ちを落ち着かせるスペースを減らしたりしている。落ち着きがなくなった子は、廊下に置いたビール瓶のケースに座ってクールダウンすることもある。

教材は廊下の端に棚を設けて保管。教室の片隅をカーテンで仕切って更衣室にしている。全教職員が入れる職員室がないため、近所の空き家を職員会議室として借りることも検討している。

永原さんが特に問題だと感じているのは図書室だ。同校の図書室の蔵書は1000冊程度で、通常の小中学校の10分の1ほどしかない。場所が小さい上、学校裁量の予算は施設の修繕費などに消え、図書購入費はわずかしか残らないことが背景にある。

「これが図書室ですか、という感じ。子どもの発達に欠かせない基本的な環境が整っていない」。永原さんは、読み聞かせに使う本は自費で買うか、市立図書館で借りてくるという。

全国学校図書館協議会は、全国の特別支援学校を対象に学校図書館(図書室)の状況に関するアンケート調査を定期的に実施している。19年の調査によると、有効回答の679校のうち9%の60校は、学校図書館が「設置されていない」と回答した。特に知的障害の子が通う特別支援学校で図書館がないところが多い。在籍する子が増えて教室が不足していることが図書館を整備できない背景にあるという。図書などの購入予算がないという学校も8%あった。

22年7月のある夜、上田養護学校PTA会長の伊藤美穂さん(49)は、自宅のベッドの枕元に携帯電話と固定電話の子機を置いて目をつぶった。外では梅雨前線の影響で強い雨が降っていた。次男で高等部2年の雅哉さん(17)は、同校に併設されている寄宿舎にいる。心配で、浅い眠りのまま朝を迎えた。

千曲川の堤防のすぐ脇にある同校の敷地は、県指定の「家屋倒壊危険区域」に入っている。洪水で堤防が壊れれば5メートル以上10メートル未満の浸水が予想されている。PTAは数年前から県教委に移転新築を要望しているが、進展はない。

県教委特別支援教育課によると、県立の特別支援学校18校のうち上田を含む14校は建設から30年以上が経ち、修繕箇所が増えている。22年度の修繕予算は3億円近く。段階的に増額しているが追いついていない。改築方針が決まっているのは長野市と松本市の2校だけ。教育施設として見劣りする状態が、長年放置されている。

23年1月下旬、授業参観で上田養護学校を訪れた伊藤さんは、渡り廊下にある高等部の子の下駄箱に、雪が降り積もっているのを目にした。昇降口の内側にある下駄箱は小学部の子の靴で埋まっているため、中学部と高等部の下駄箱は廊下に追い出されている。

生徒たちは黙って雪を払い落とし、冷たい靴を履いていた。伊藤さんは切なくなった。「この子たちは不満を言えない。これを当たり前にしていて、いいんでしょうか」

民間フリースクール、利用料は原則自己負担

「鬼ごっこしよう」

「いいよ!」

安曇野市のフリースクール「ひかりの学校」。帰りの会が終わると、男児の1人が雄也君(9、仮名)に声をかけた。上着に腕を通すと、靴を履いて勢いよく外へ。庭を走る子どもたちの笑い声が、春めいてかすんでいる夕空に溶けていった。

ひかりの学校は、県内の小学校で教えた高林賢さん(47)が山あいの民家を買い取り、2015年に開所した。県中部に住む小学1年生から中学2年生の計9人が通う。皆、さまざまな理由で不登校に

なった子たちだ。

雄也君は、自閉スペクトラム症と注意欠如・多動症の診断を受けている。小学校の支援級に通っていたが、他の子を叩き、暴言を吐くことがあった。そのたびに母親の絵理さん(42、仮名)は相手の子の保護者に頭を下げた。

担任や校長からは、雄也君に薬を飲ませるように勧められた。雄也君の発達の特性は自分のせいではないかと、ずっと自分を責めてきた絵理さん。その上、息子に投薬を勧められたのはこたえた。薬は特性を根治するのではなく、症状を抑えるだけなのは分かっていた。雄也君と話し、小学校に行くのをやめてひかりの学校に通うことにした。

ひかりの学校代表の高林賢さん(奥)と話す絵理さん，雄也君親子．

それから約1年。高林さんらスタッフにありのままを受け止められた雄也君は、暴言や暴力行為をほとんどしなくなった。「雄也、子どもらしさを取り戻してきたよね」。午後4時前、迎えに来た絵理さんに高林さんが言うと、絵理さんは穏やかな表情で礼を言った。

絵理さんは数年前に離婚を経験。実家に戻り、雄也君ら4人の子を育てている。児童手当、ひとり親家庭が受け取れる児童扶養手当は月計10万円ほど。元夫からの養育費を合わせると、「実家にいればそれほど生活は厳しくない」という。

ただ、年間約17万円のひかりの学校の利用料は軽くない負担だ。雄也君は週5日JR大糸線で登校し、下校は絵理さんが車で迎えに行くこともあり、電車賃とガソリン代がかかる。これらは雄也君が地元の小学校に通っていれば発生しない費用だ。

国は17年、不登校になった児童生徒の教育の機会を確保することなどを目的に教育機会確保法を施行。だが、フリースクールなど民間施設への助成には、「公の支配に属しない」教育事業への公金支出を禁じる憲法89条のハードルがあり、23年度時点では国による助成制度は存在しない。

「生活に困って孤立している親はたくさんいるはず」と絵理さんは言う。「学ぶという人権が、十分保障されていると言えるのか」

高林さんにも苦い経験がある。数年前、学校に行けなくなった小学4年の男児がひかりの学校にやって来た。その子はひとり親家庭で年間約29万円の利用料を支払う余裕がなく、1年で退学した。経済的理由で行き場を失う子が出るのは避けたいと、高林さんは以来、ひとり親家庭の利用料を4割引きにしている。ひかりの学校を去ったあの子がその後どうしているか、高林さんには分からない。

現在、9人の利用者のうち、雄也君ら3人がひとり親世帯で4割引きの対象だ。利用料は運営費やスタッフの人件費に消え、収支は毎年赤字が続いている。高林さんには3人の子どもがおり、一家の暮らしも苦しい状態だ。

一人一人に合った指導――教師によって大きな差

2時間目が始まり約10分が過ぎた頃、5年生の洋平君(仮名)は「ハー」と大きなため息をついてから、教室の床を這いずり始めた。1月、北アルプスを望む大町市の大町南小学校で、発達障害の児童ら8人が在籍する支援級の「れんげ組」。担任の天野道子さん(29)は洋平君の様子に気付きつつ、何も言わずに授業を続けた。

洋平君は対人関係が苦手な自閉スペクトラム症がある。通常学級で気分がすぐれず、れんげ組でクールダウンしていた。天野さんによると洋平君は今、「通常学級に戻ろうと頑張っている状態」。天野さんは無関心を装い、算数に取り組む1年の菜穂さん(仮名)に「ノートに数字を書いてみて」と指示した。

数分後、席に戻り「疲れた」とつぶやく洋平君に、天野さんは「菜穂さんが1から100まで数えるのを聞いてあげて」と笑顔で頼んだ。菜穂さんは引っ込み思案。「人と関わり、もっと自信を持ってほしい」と願って洋平君を引っ張り込む。

「お兄さん」の役割を与えられた洋平君は、まんざらでもない様子で菜穂さんの声に耳を貸した。

地元出身の天野さんは兄に知的障害があり、障害者と関わる仕事を選んだ。千葉大学教育学部で学び、小諸養護学校と須坂市立の須坂支援学校を経て22年に大町南小に赴任。経験を生かし、一人一人の子の良さを引き出す指導を心がけている。

授業中、自閉スペクトラム症と注意欠如・多動症の診断がある男児が、廊下側の壁際に机を移した。天野さんは「集中しやすい環境を自分で探したんだな」と捉え、男児を咎めない。自閉スペクトラム症で集団になじめない5年の女児にはパソコンを使わせ、時々学習進度を確認する。理科の問題を解いているのを見て、「よく答えられたね」と何度も励ました。

天野さんの学級は、自閉症・情緒障害専門の支援級で、通常学級と同じ学習指導要領に沿って教科指導をする必要がある。在籍する8人は学年や障害の特性がばらばらで、通常学級の子と比べて学習は遅れがち。遅れを挽回するには「自立活動」の時間を削らなくてはならない。

自立活動は、体験などを通じて社会で生きる力を育む支援級ならではの時間。大町南小では、みんなで取り組む畑仕事などに力を入れている。「この先、特性を受け入れ社会で生きていくには、人との関わりを学ぶ時間がもっとあっていい」。教科学習と自立活動の時間のバランスに、天野さんは悩んでいる。

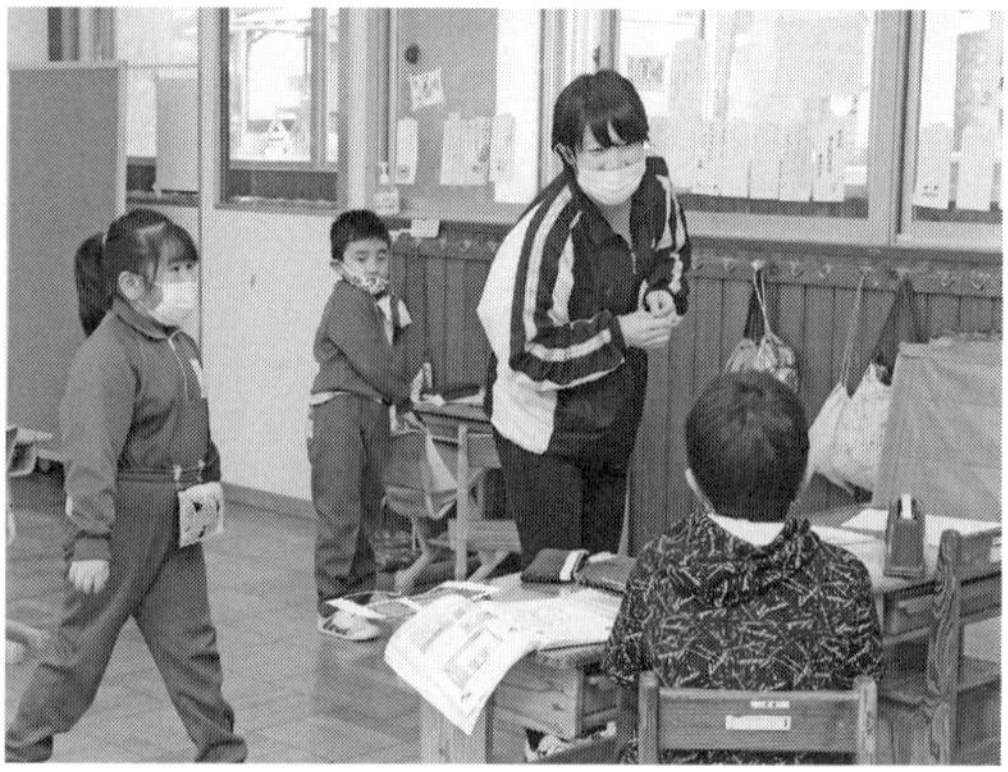

特別支援学級で児童に笑顔で話しかける天野道子さん.

支援級は、特別支援学校教諭の免許がなくても担任になることができる。県内の小学校で支援級の担任をしている加奈子さん(仮名)は、専門を生かそうと支援級を望む先生がいる一方で、「必ずしもそうでない人もいる」と明かす。

子どもの数が少なく、休みが取りやすいと考えて支援級を希望する先生がいる。以前よりは減ったが、通常学級の担任がうまくいかず、支援級を受け持つ先生もいる。

加奈子さんは以前、初めて支援級を担任した講師が「思っていたのと違う」と驚いていたのを覚えている。その講師は、特性のために激しく暴れたり、暴言を吐いたりする子の対応に苦慮していた。受け持つ子の数が通常学級より少なくても、半端な気持ちでは務まらないのが支援級の担任だ。

支援級では、障害がある子ども一人一人に合った目標や指導内容をまとめる「個別の指導計画」を担任が作る必要がある。本人、保護者と話しながら目標を定めていくのは手間がかかる上、アイデアや経験がなければ指導計画を組み立てるのは難しい。

「同じ子は1人もいない」と加奈子さん。「特性がある子への対応方法を学びながら日々工夫している。どんなに年数を重ねても難しい」

特性がある子にとって、学校に居場所があり安心して学べるかどうかは、教師の感度や力量によって大きく左右される。それが現場の実態だ。

（2023年3月11～22日の記事に一部加筆）

ZOOM UP❸

日本のインクルーシブ教育システム――「学びの場」の現状は

日本が2014年に批准した障害者権利条約は、「障害者を包容するあらゆる段階の教育制度」(an inclusive education system at all levels)の確保を条約締約国に求めている。そのために、障害者が初等中等教育から排除されないことや、その人にとって必要な「合理的配慮」が提供されることなどを挙げている。日本の文部科学省は、インクルーシブ教育システムの構築を目指して「多様な学びの場」を整備していくとする。ここでは日本の特別支援教育制度における学びの場の仕組みを整理する。

学びの場の枠組み

義務教育の9年間の子どもたちの学びの場は、学校教育法などの法令に基づき、①小中学校の通常の学級、②通級による指導(通級指導教室)、③特別支援学級(支援級)、そして④特別支援学校という4つの枠組みに大きく分かれている。

文部科学省は21年6月、全国の教育委員会と保護者らに向けて「障害のある子供の教育支援の手引――子供たち一人一人の教育的ニーズを踏まえた学びの充実に向けて」を公表。この手引には、視覚障害や聴覚障害、知的障害の他、発達障害に分類される自閉症(自閉スペクトラム症)、学習障害、注意欠陥多動性障害(注意欠如・多動症)といった10種類の障害ごとに、子どもの状態に合わせてどんな学びの場があり、どんな配慮が求められるのかがまとめられている。以下、この手引や法令を基に、学びの場を解説する。

①小中学校などの通常の学級

最も多くの子が通っているのは、国や地方公共団体、学校法人が設置する小中学校や義務教育学校の通常学級だ。学校が編成する教育課程に基づいて、各教科等の指導を学級や学年全体で行ったり、行事に取り組んだりするなど、集団的な学習活動を基本としている。

国は小学校の学級編制の標準(上限)を見直し、小学校は1クラスが40人から35人に段階的に引き下げられている。2023年度から1〜4年生の学級は35人で、5・6年生は40人。中学校も40人。ただし、都道府県の判断でさらに人数を減らした学級編制が可能だ。中高一貫教育をしている中等教育学校の前期課程の子を含めると、小中学校の通常学級では23年度に894万8000人の子が学んでいる。

この中には発達障害に分類される特性がある子もたくさんいる。例えば、口頭で指示をしても聴覚からの情報を理解するのが難しい自閉スペクトラム症の子に対し、教師が指示を板書し視覚情報で分かるようにすることで困難を軽減し通常学級で学んでいる子がいる。通級による指導(通級指導教室)を利用する子も含まれる。

②通級による指導（通級指導教室）

通常学級に在籍し学習におおむね参加できるが、比較的軽度の障害があり、一部特別な指導を必要とする子が通う。具体的には、読み書きに時間がかかったり、友達とのコミュニケーションがうまく取れなかったりするなど、学習面や生活面で困難がある子に対し、個別の指導を中心としてそれぞれの困難を改善・克服する知識技能の習得を目指した指導が行われる。1週間に8時間程度まで利用できる。

通級による指導を必要とする子が13人いれば教員を1人配置できることになっていて、通級による指導を求める子の急増に伴い、教室は全国的に増加している。ただ、専門性を有する教員の不足や予算の制約のため、ニーズに追いついていないと指摘されている。在籍校に教室がなく、教室が設けられている別の学校に通って利用する場合や、指導を担当する教員が複数の学校を巡回して指導する場合もある。文科省の調査では、21年度に通年で教室を利用した義務教育段階の子は約18万2000人。

③小中学校の特別支援学級（支援級）

障害がある子のために、学校の中に通常学級とは別に設けられる学級で、小中学校の教育課程に準じつつ、子どもの状態に合わせて特別な教育課程を編成することができる。特別な教育課程では、障害による学習面や生活面での困難を克服する知識技能を身に付けるだけでなく、発達の状態に応じて、指導内容や指導目標を下学年のものに替えることなどもできる。例えば自閉症・情緒障害の支援級は、自閉スペクトラム症のため教師や学級の子の言葉の意味を理解したり、相手の言葉に応じて意思を伝えたりするのが苦手で、少人数の集団構成やコミュニケーション上の配慮が必要な子が対象となる。1学級の児童生徒数の上限は8人。

支援級も入級を希望する子の増加を受けて増え、23年度には約37万2000人の子が在籍している。かつては知的障害の支援級の在籍児童生徒が最も多かったが、現在では自閉症・情緒障害の支援級が最も多くなっている。

④特別支援学校

学校教育法は、視覚や聴覚、知的な障害がある子、体が不自由な子や慢性的な疾患があり病弱な子が学ぶ場として、都道府県に特別支援学校の設置を義務づけている。特別支援学校の目的は、「①小学校等に準ずる教育を施すとともに、②障害による学習上又は生活上の困難を克服し自立を図るために必要な知識技能を授けること」とされ、②に対応する「自立活動」と呼ばれる指導の領域が独自に設定されている。具体的には、健康状態を維持することや、他者との人間関係を作ること、コミュニケーションを取る力を伸ばすことなどがその指導内容となる。1学級の児童生徒数の上限は、小・中学部は6人だが、重度障害の場合は3人になる。

かつては盲学校、聾《ろう》学校、養護学校に分かれていたが、複数の障害種に対応できるように、07年度から制度上、特別支援学校に改変された。ただし、「養護学校」の名称を残しているところもある。国立・私立を含め、23年度には全国の特別支援学校の小学部・中学部で8万4000人が学んでいる。

発達障害の多くは特別支援学校が対象とする障害種ではないため、その特性だけがある子が特別支援学校に就学することは想定されていない。知的障害の子が通う特別支援学校には、自閉スペクトラム症や注意欠如・多動症のある子が就学しているが、知的障害を併せ有することがその理由である。

フリースクール

この他に、不登校の子に学習支援をしたり教育相談をしたりする民間のフリースクールがある。文科省によると、15年度に全国に474カ所。利用ニーズは高いものの私学助成のような国庫補助の仕組みがなく、保護者の月謝や寄付金などに依存し、財政的に苦しんでいる施設が少なくない。

近年、茨城県や群馬県などのようにフリースクールの運営費への助成制度を独自に設ける自治体が出てきた。長野県は24年度、フリースクールの認証制度を新設し、認証した施設に運営費として年間200万円を上限に助成する制度を立ち上げた。「公の支配に属しない」教育事業への公金支出を禁じる憲法89条を踏まえ、一定の基準を満たしたフリースクールを県が認証することによって、「公の支配」に属する施設とみなす仕組みだ。

決定はあくまで市町村教委

政府は、14年の障害者権利条約批准に向け、条約に書かれたインクルーシブ教育システムの構築の準備を進めた。11年に改正された障害者基本法では、国と自治体は、可能な限り障害のある子が障害のない子とともに教育を受けられるよう配慮することが盛られた(16条)。

翌12年、中央教育審議会の分科会が、インクルーシブ教育システム構築のための特別支援教育の推進に関する「報告」をまとめた。この報告は、翌13年の就学先決定の制度改正など、その後の施策を方向づけている。21年に出された「障害のある子供の教育支援の手引」に至るまで、先述の4つの枠組みを「多様な学びの場」とすることや具体的な学びの場の決定の仕組みは、この報告の中身が継承されている。

「学びの場」の特徴

小中学校、義務教育学校、中等教育学校前期

通常学級 1005.4万人(13年度) → 894.8万人(23年度)
- 1学級の上限は1～4年は「35人」. 5・6年, 中学は「40人」(23年度)

通級指導教室(通級による指導) 7.7万人(13年度) → 18.2万人(21年度)
- 通常学級に在籍している個別指導が必要な子が利用
- 教員1人に対し13人まで学べる
- 週8時間まで利用可能だが, 実際は1, 2時間が多い
- 自校にない場合は周辺の設置校に通う

特別支援学級 17.4万人(13年度) → 37.2万人(23年度)
- 障害のある子が学習面・生活面の困難を克服するために入級
- 1学級8人以下. 学年を横断して編制する
- 「知的障害」「自閉症・情緒障害」などの学級がある
- 「交流及び共同学習」として通常学級で学ぶ時間も

特別支援学校(小・中学部) 6.7万人(13年度) → 8.4万人(23年度)
- 障害のある子が学習面・生活面の困難を克服するために入学
- 幼稚部, 小学部, 中学部, 高等部がある. 小・中学部は1学級6人以下

※学校基本調査や文科省の資料による

13年より以前では、一定の障害がある児童生徒は原則として特別支援学校に就学する仕組みだった。報告書を踏まえた13年の学校教育法施行令の改正によって、子どもの学びの場は、本人の障害の状態に加え、教育的ニー

ズ、学校や地域の状況、本人・保護者の意見、医師など専門家の意見を踏まえて総合的に判断・決定される仕組みになった。ただしその決定は、あくまで子どもが居住する地域の市町村教育委員会が行うものとされている。

国連は「分離」教育と改善を求める勧告

文科省はこれまで、障害のある子とない子がともに活動する「交流及び共同学習」を推奨してきたとする。地域の小中学校内では、特別支援学級に在籍する子のうち、算数や国語は少人数の支援級で学び、他の教科や活動は交流・共同学習として通常学級で受ける子が多い実態がある。

だが、文科省は22年4月に通知を出し、支援級に在籍する子は週の授業時数の半分以上を「目安」に支援級で受けさせるよう教育委員会に指示した。支援級の子が大半の時間を通常学級で過ごしている状態は、支援級の特色である障害の状態や特性などに応じた指導を「十分に受けていない事例」として問題視。こうした子は通常学級に籍を移した上で、通級指導教室を活用するよう求めた。

支援級に籍がある子が大半の時間を通常学級で過ごす教育を進めてきた大阪府の一部の市は、23年度から通知に沿って運用すると表明したが、保護者らの反発を受けて撤回するなど混乱が起きた。長野県内でも、通知は実態に合わず、分離教育がさらに進む——などと批判する声が上がった。

一方、国連の障害者権利委員会は22年9月、日本の特別支援教育の現状が「分離」教育だとして改善を求める勧告を出した。勧告には、文科省に対し4月の通知を撤回することも含まれていた。だが文科省は、通知の内容は支援級で学ぶ必要がない子を通常学級に移すよう促しており、「むしろインクルーシブを推進するもの」だと反論。永岡桂子文科相（当時）は記者会見で、「勧告で撤回を求められたのは大変遺憾」と述べ、日本のインクルーシブ教育システムを引き続き推進していく考えを示した。

第3章で見てきたように、学習指導要領の改定で学習内容が高度化する中で、多様な子がいる通常学級の運営に苦しむ教師がいる。現行の学習カリキュラムの下で、通知通りに支援級の子を通常学級に画一的に戻せば、通級指導教室がニーズに足りていない状況がある以上、算数や国語の授業が苦しくなる子を生みだすのは明らかだ。むしろ必要な支援を得られない子が出る上、通常学級の教師の負担感も重くなるだろう。そして、障害の程度が比較的重い子は支援級に縛り付けられ、通常学級の子との日常的な接点を奪う結果になりかねない。

「週の授業時数の半分」で線引きする22年の通知の内容は、個別の子の状態やニーズを大事にする姿勢とは矛盾している。

（2023年3月28日の記事に大幅加筆）

きらめく世界❷

鮮やかに、描きたいものが連鎖

翼のあるドラゴン、一つ目の怪獣……。鳥や花も好きだけれど、見たこともない生き物が自分の中から出てきて、1枚の絵のモチーフになる。そこから描きたいものが連鎖していき、画用紙いっぱいの色鮮やかな世界が出来上がる――。作者は小学校6年の水野結凛《ゆうり》さん(11)だ。

普段は特別支援学級(支援級)に在籍し、通常学級と行き来している。集団生活の中で自分の気持ちを表すことが苦手で、予定が急に変わると教室にいるのがつらくなることがある。でも、絵が救いだ。イライラしても絵を描くと「気分が落ち着く」

下描きにはフェルトペンを使う。そして、100色ある色鉛筆セットのうち多い時には70本以上を使い、同じ色が隣り合わないように着色していく。学校の休み時間や自宅で数時間、ほぼ毎日描く。支援級の担任、倉上《くらかみ》あや子さん(65)は「描き始めると迷いがない。集中力がすごい」と言う。

保育園児の頃から描くことが好きだった。小学校低学年の時の校長が図工・美術の専門で、画材を貸してくれたり、絵を飾ってくれたりした。おかげでますます絵にのめり込んだ。作品は、公益財団法人美育文化協会主催の「第52回世界児童画展」(2021年募集)で入賞した。

最近はYouTubeでイラストレーターを探し、人物の顔の描き方を学んでいる。「いつか美術館に自分の絵が飾られたらいいな」

華やかで独特な世界を描く水野結凛さん.

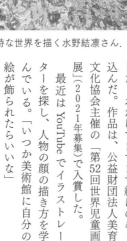

第4章 民間参入の光と影

「パサー」を名乗る人物「X」の支援で開業した放課後等デイサービスでは
利用児童がドラえもんの双六で遊んでいた．

障害児が放課後に通う施設である放課後等デイサービスは、2012年4月に制度上スタートした。民間事業者に門戸が開かれ、発達の特性がある子の増加を受けて全国の事業所数は急増。12年には3107だったが、22年には約6倍の1万9408に増えた。事業者はそれぞれ特色ある療育・訓練方法を打ち出し、利用者の選択肢が増えた一方、法令で決められた専門職員を配置せず、国や自治体が支給する障害児通所給付費を不正受給するなどの事例が全国で相次いでいる。長野市でも23年12月、放課後デイ事業者が給付費約1億7600万円を不正受給したとし、市が返還を求めると発表した。国・自治体から多額の給付費が支払われる障害児・者のサービスは今、質の確保が問題になっている。事業所急増の背後で、「儲かる」と開業をもちかける人物が暗躍しており、その言葉に安易に乗って参入する新規事業者が見え隠れする。

「9割公費」をPR

「高い収益性」
「取りはぐれ・価格競争はナシ」
「確実な成功ビジネスモデル」

いずれも、放課後等デイサービスをフランチャイズ（FC）方式で全国展開する複数の株式会社のホームページ（HP）に載っている勧誘の文言だ。放課後デイのビジネスとしての魅力を訴え、加盟事業所を募っている。

障害のある子が放課後や長期休暇の際に通い、訓練や支援を受ける放課後デイ。発達障害の子の増加を踏まえ、発達障害に対応した独自プログラムに力を入れるFCが目立つ。原則として利用料金の1割を保護者が負担し、残り9割を国・自治体の障害児通所給付費で賄う仕組みになっていることから、放課後デイを「9割公費の安定事業」とアピールするFCもある。FC本部は全国の加盟事業者の開業を支援し、療育や支援のプログラムを提供する一方、加盟事業者からのロイヤリティー収入を受け取るビジネスを展開している。

FC大手の一つで、「実績・評価ともに日本トップクラス」とHPでうたう「こどもプラス」は、長野県にゆかりがある。FC本部に当たるこどもプラスホールディングス株式会社（HD、東京）が、療育の軸に掲げるのが、松本市にある松本短期大学名誉教授の柳沢秋孝さんが考案した「柳沢運動プログラム」だ。発達段階に応じて楽しく体を動かすこのプログラムを売りに、長男の柳沢弘樹代表取締役が事業を展開する。

同社によると、こどもプラスの放課後デイのFC事業所は全国に180ほど。同社のHPによると、FC加盟社が本部に支払うロイヤリティーは、一つの放課後デイ事業所につき売上高の10％だ。

2022年から23年にかけて、こどもプラスHDの関連会社が運営する東京都八王子市と茨城県つくば市の放課後デイが、職員の人員配置基準を満たさず、給付費を不正に受給した疑いがあると週刊誌に報じられた。記事には元職員たちの証言が載っている。八王子市と茨城県が監査を実施。いずれも事業所の指定取り消しには至っていないが、八王子市によると、関連会社が運営する放課後デイで、勤務実態のない専門職員を常勤扱いにしていたという。

こどもプラスHDは23年12月、HPに柳沢代表名のコメントを掲載。関連会社の教室が行政の監査を受けたことについて、利用者やFC加盟店らに対し、「多大なるご迷惑をおかけし、またご心配、ご不安なお気持ちにさせてしまいました」と陳謝した。一方で、「組織ぐるみの不正はなく、故意によらない過誤受給であるとの認定により行政処分は受けておりません」と説明した。

放課後デイは、障害のある子の居場所確保などのため、営利法人の参入を認める規制緩和をして12年に制度化された。登記によるとこどもプラスは11年に設立されている。

17年、長野県内のある会社が運営していたこどもプラスのFCの放課後デイに、ある男性が訪ねてきた。男性は同社に勤務した後に独立して、自らを「パサー」(＝パスを出す人)と名乗り、県内で多くの放課後デイの開設に関わるようになる。男性を仮に「X」と呼ぶことにする。

責任者がすぐ不在に

「安易に考えすぎていた。子どもたちに申し訳ない」

2022年11月中旬。ある会社の男性社長は、会社のカウンターに肘をつき話し始めた。社長は同年2月、安曇野市内に放課後等デイサービスを開業したが、わずか半年後の8月に閉業を余儀なくされた。利用していた子たちは急に通所先を失った。

半年で閉業した放課後等デイサービスについて話す社長.

畑違いの放課後デイの運営に飛び込んだのは、知人に紹介されたXという人物に会ったのがきっかけだった。Xから放課後デイの事業性について聞かされ、「商売になると思った」。地域貢献になるとも考えた。

渡されたXの名刺には「こども福祉施設　開設準備室」とあり、名前のすぐ上の肩書きは「パサー」と記されていた。

法改正で制度化された放課後デイ。ただ、民間企業や異業種からの参入でサービスの質の悪さが問題になり、国は職員の人員配置基準を段階的に厳格化してきた。21年度からは、子ども10人の利用に対し児童発達支援管理責任者(児発管)を1人、有資格者の児童指導員か保育士を2人以上置く必要がある。

Xは、社長に児発管の女性を紹介した。社長が受け取った女性の名刺にはXと同じ「開設準備室」とあった。Xはこの児発管の名前を使い、放課後デイ開業の申請書類を作成。社長はXに代金約60万円を支払ったという。安曇野市内に場所を借りて開業すると、10人の定員はすぐに埋まった。ほとんどの子が発達障害を抱えていた。

だが、程なくして児発管が出勤しなくなった。放課後デイの児発管は、利用者の「個別支援計画」を作り、職員や保護者とやりとりするなど事業所の中心的な存在だ。計画の作成に際しては、子どもの発達の特性を見極めて目標を立て、支援内容を固める。社長は「児発管がいなくなり、何をしたらいいのか分からなかった」という。

児発管として働くには、専門的な研修に加え、2年間の現場経験が必要になる。研修を行う県相談支援専門員協会の米山勝也《まさなり》事務局長(53)によると、21年度の資格要件の厳格化以降、児発管のなり手が不足。インターネットの求人サイトには児発管の求人が並ぶ。社長も求人を出したが、応募してきた人はいなかった。

社長はXから、開業後、児発管をすぐに探すよう言われてはいた。だが「(Xは)児発管が不足していることは分かっていただろう」と社長は言う。

社長の放課後デイで児発管の女性が出勤しなくなった直後。Xは別の事業者からも放課後デイの開業申請書類の作成を請け負い、同じ児発管の女性の名を書類に記したことが取材で分かっている。児発管がいないと、国・自治体の障害児通所給付費は減らされる。社長の放課後デイは、開業半年後の県の実地調査で児発管がいないことが確認され、給付費が減額された。社長は結局、事業所の継続を断念した。

この放課後デイに子どもをつないだある相談支援専門員は、「混乱した」と当時を振り返る。

通所先を失った子のために空きがある放課後デイを慌てて探した。小学1年の男児は自閉スペクトラム症の特性があり、環境や人間関係の変化に敏感。新しい通所先を見つけたが、慣れるまでに時間がかかった。

この子の母親は、子どもを預けてパートの仕事をするつもりでいたが、新しい放課後デイには空きが少なく、利用を希望する日数に届かない。仕事は諦めざるを得なくなった。「放課後デイが閉じると、親子の生活サイクルは大きな修正を迫られるんです」。相談支援専門員はそう話す。

記者は、直接話を聞こうとXを探した。

パサーXのビジネスとは

Xは、待ち合わせ場所の喫茶店にジャケット姿で現れた。4月のある日の午前中。ホットコーヒーを一口飲んだ後、「支援施設の地域格差をなくすために、優秀な経営者を育てている」と言った。書類の束を開き、放課後等デイサービスの開業を支援する自称「パサー」の仕事について、説明を始めた。

Xは長野県内出身で年齢は60代。大学卒業後、大手メーカー勤務を経て1990年ごろに県内の学校法人に就職した。2007年前後、学校法人は若者の再就職を支援する文部科学省の事業を受託。仕事も通学もしていない「ニート」らを対象にした事業で、Xは申請書類の作成から事業の運営までを担った。事業の対象者には発達障害者も多数いた。Xは、発達障害の子を早期に支援する場所が必要な時代が急速に来る——と感じたという。

学校法人によると、17年、金銭トラブルがありXを解雇した。Xは、県内で放課後デイを営む会社に転職。ここで放課後デイを新規開業する際の申請事務などを担い、開業ノウハウを習得した。20年に退職し、「パサー」を名乗って自ら開業支援を始めた。

放課後デイを開業するには、自治体との事前協議を経て申請書類を出す必要がある。事業計画や収支見込み、緊急時の医療機関との契約書、災害対応マニュアルなど提出物は多い。Xは「申請を素人がやれば1年はかかる」とし、申請業務を半年ほどで済ませる代わりに、「破格に安い」という約40万円を受け取っているとした。

開業を支援した事業所は約40。「多くの経営者に感謝されている」という。だが、トラブルを抱えていることが取材で分かった。

県内のある個人事業者には22年のある日、面識のないXから事務所に電話があった。「とにかく儲かる」と開業を勧められ、後日直接会うと、「あなたの地域には放課後デイがない。子どもの助けになる」と説得された。

事業者はXの指示通りに法人格を取得。だが、Xが作成した申請書類に記されていた児発管の女性に関し、県から「同じ名前で過去に申請が出ている」と指摘を受けた。結局、事業者は開業を断念。Xに支払った計70万円余は返ってこない。

この児発管の女性は、22年2月に安曇野市に開業した放課後デイの申請書類に、Xが書いた児発管の名前と同じだった。

子どもの支援事業を手がける別の法人の代表は、放課後デイを作りたいと考えていた折、知人から

Xを紹介された。別の福祉事業所の開設と合わせて100万円余をXに支払い、自治体への申請を済ませて開業した。

だが、思うように利用者が増えず、Xが書いた収支見込み通りになっていない。資金不足に陥り金融機関から数百万円を借りた。「事業を続けられるか不安」と話した。

恩師に巨額の借金

「寿命が尽きる前に、詫びに来てほしい」。Xに直接会って取材する前月の上旬、95歳の男性は涙ながらに話した。Xの高校時代の恩師だ。

Xが勤めていた学校法人が文科省の事業を受託した後の2008年ごろ、Xに「国から補助金が下りるまでの間、資金が足りない」と言われた。教え子を助けようと男性は15年までに計9000万円余を貸した。一部は返済されたが7000万円余が未払いのまま、17年にXと連絡が取れなくなった。

Xは同年1月に学校法人を解雇された後、土地と自宅を差し押さえられて競売にかけられていた。男性は同年夏、損害賠償請求訴訟を地方裁判所松本支部に起こした。19年に7000万円余を男性に支払うよう命じる判決が出たが、Xは取材した時点で支払っていない。

取材した際、記者はXにこの件をぶつけた。放課後デイ開業を「支援」するビジネスを拡大したのは、多額の債務を抱えていることと関係があるのではないか――。

Xは、「関係ない話」と否定した上で、恩師への債務を「払うことはできない」と言った。放課後デイの開業「支援」は、「営利目的じゃない」という。「僕は、困った保護者や子どもに喜んでもらいたいんだ」。あくまでそう主張した。

「知らない、責任ない」

2023年中にも、パサーXに開業を持ちかけられ、わずか4カ月で休止せざるを得なくなった放課後等デイサービス事業所が明るみに出た。

この放課後デイを運営していたのは、辰野町の合同会社HOPE to the Future（ホープトゥザフューチャー）だ。代表の男性は塾を経営していたが、生徒が減ってうまくいっていなかった。そんな折の22年10月、面識のないXから電話があり、放課後デイ事業は「儲かる」と持ちかけられたという。代表は「渡りに船」と誘いに乗り、翌月にホープ社を立ち上げた。

ホープ社は23年、辰野町と岡谷市に定員各10人の放課後デイを2カ所開業。だが、両施設合わせて利用した子どもは4人だけで、結局、両施設とも運営を休止した。代表は取材に対し、「現場職員による周知の不足が原因」と話したが、元職員によると、この間に両施設で働いていた少なくとも7人が賃金未払いの状態になっているという。代表は職員への賃金の未払いを認め、「支払いたいが収入がまったくない状況」と話した。

内情はもっと深刻だった。2施設には開業以降、児発管が不在だった。県から事業所の指定を受ける際、勤務予定のない人物の名前を児発管として申請書に記入し、保育士と児童指導員についても勤務実態のない人の名前を記入した。代表は取材に「申請（手続き）上は問題なく、早期に開業できるのならいいと判断した」と説明した。金額は明かさないが、Xに手数料を支払ったという。

Xに取材すると、「開業に必要な情報を提供した」と関係を認めたが、児発管の勤務実態がなかったことや、申請書類の不備については「まったく知らず、(自身には)責任がない」と言った。2施設の運営休止の原因は「経営者と現場の人間関係」にあるとし、「私にはあずかり知らない」と突き放した。

元職員の一人は、代表とXが利用者サービスを中心に据えず、2人に「営利主義」を感じたという。施設が休止してしまい、「行き場を失った子どもたちに申し訳ない」と悔しさをにじませた。

信濃毎日新聞がホープ社について記事を掲載した1カ月後の23年12月、県は同社の2つの放課後デイ事業所の指定取り消しを発表。県内で放課後デイの指定を取り消された初のケースとなった。

これまで県障がい者支援課は、放課後デイによる人員配置の虚偽申請などの不正を「申請段階で見抜くのは限界がある」としていたが、今回の違反事例を受けてチェックを強化する方針を打ち出した。指定後、できるだけ速やかに実地指導を行い、人員配置基準に違反がないか確認するという。

こども家庭庁障害児支援課によると、国は24年度からの障害福祉サービスの報酬改定で、放課後デイに支援内容の公表を求める運営基準を定め、未実施の事業所に対しては報酬を減算する仕組みを新たに設ける。支援内容の「見える化」を図ることで、不適切な事業者が参入しづらい環境を整える方針だ。

就労支援事業所でも給付費の不正受給

実際には通所していない利用者が通所したように用紙に記入した。「自分も不正受給に加担している…」。元職員の一人は、ペンを握る指先から「罪」の意識が体を駆け抜ける気がした。

松本市の市街地で、岐阜市のNPO法人VistA(ビスタ)が運営する障害者の就労継続支援B型事業所「ナーズ」。松本市は1月、ナーズが国・自治体からの訓練等給付費を過剰に請求して不正受給したため、6カ月の運営停止処分を発表した。

2006年施行の障害者自立支援法(現・障害者総合支援法)により制度化されたB型事業所は、雇用契約に基づく就労が難しい障害者に生産活動の機会を提供したり、就労に向けた訓練をしたりする通所施設。発達障害の特性がある人が増えている上、特別支援学校高等部の卒業生の受け皿などとして施設数が増え、全国では22年10月時点で1万5588ある。

定員20人のナーズは、21年1月に指定を受けて開業。市の職員配置基準によると、定員20人のB型事業所が給付費を満額請求するには、サービス管理責任者(サビ管)の他に、職業指導員と生活支援員を1人ずつ置く必要がある。ナーズは、この基準を満たしていないのに満額の給付費を2カ月分受給した。

さらに同年6~10月、通所していない利用者が通所したように偽装し、その分多い給付費を受けとった。複数の元職員によると、この偽装はサビ管の女性の指示だったという。2つの不正受給額と制裁の加算金を合わせ、市はビスタに83万円余の返還を命じた。ビスタはその後、全額を返還した。

ナーズでは毎日、利用者の通所実績を3種類の記録に記載していた。元職員によると、最初に利用者の作業実績を記すA4の用紙に虚偽内容を記載。その日は事業所に来ていない利用者の欄に「シャープペンシルの組み立て作業をした」などと書いた。後日、利用者にその日の利用を示す印鑑を押してもらった。

残りの2種類は、いずれも本部のビスタにインターネットで送る記録。作業実績の用紙と整合するように記した。

元職員は、サビ管から「(利用者が)来たことにして」ときつい口調で指示されたという。サビ管は法令上、利用者に提供するサービスの指針となる「個別支援計画」を作るとともに、職員への技術指導をする施設の中核的存在。市によると、通所実績を偽装された利用者は少なくとも4人いる。

元利用者の一人は、職員に押印を求められた際、サビ管に「その日は休んだ」と申し出たが、「押していい」と何度も言われて従ったという。給付費の不正受給につながっていると気付き、ナーズの利用をやめた。もともと精神疾患があり、このことで気持ちに変調を来したという。

ナーズの元職員によると、作業内容が分からない利用者が、サビ管に叱られる姿を見ている。サビ管が利用者に暴言や拒絶的な対応をしたとし、松本市は「心理的虐待」として県に報告した。

就労継続支援B型事業所「ナーズ」が入居していたビル.

取材班は、サビ管だった人物を探し出した。

「話をするのに躊躇するところもあるが、責任逃れと思われたくない」。元サビ管はそう言って話し始めた。

ビスタは、物流業などを手がける岐阜市の株式会社のグループ法人。元サビ管は「私はあくまでサービス管理責任者で、役職手当ももらっていない。事業所の管理者は他の人だと聞いていたが、その人が松本にいなかった」と言った。
法人本部と事業所の杜撰な経理や管理の実態が浮かんできた。

運営の杜撰な実態

元サビ管は取材に対し、訓練等給付費の不正受給について、「理由はともあれ、不正請求をしたことは間違いない」と認めた。ただ、その理由について、生産活動への報酬として障害がある利用者に渡す工賃を「(欠勤した人にも)あげたいという思い、それしかない」と言った。

B型事業所の工賃は法令上、企業などから受注した業務の代金から経費を除いた分を、作業をした実績に応じて利用者に分配しなければならない。ビスタは高額な工賃を広告などで示し、利用者を集めていた。そして本来、充ててはいけないはずの訓練等給付費を工賃に使っていた可能性がある。

県内のB型事業所の工賃は、2021年度で月額平均1万6153円。だが同年1月に開業したナーズは、それよりはるかに高い工賃を提示。新聞広告の募集欄などで、「最低工賃保証1日1000円」「働き方により月額2万〜6万円」とうたっていた。

高い工賃を利用者に出すには、その分、企業などからたくさんの仕事を受注する必要がある。だが元サビ管によると、仕事は県中部の会社から受注したシャープペンシルの組み立てのほか、農家の手伝い、布マスクの製作・販売。「利用者に来てもらっても仕事がない。あとは自分たちでどうにかしてください、という状況だった」

マスクを作るミシンや布は、ミニコミ誌で寄贈を呼びかけて手に入れた。生地は元サビ管が自腹で買ったものもあるという。

松本市にあったナーズや姉妹事業所のシードは、岐阜市の会社の社員が地区担当者として統括していた。事業所の元職員によると、地区担当者は毎月のように入れ代わったという。

国の基準によるとB型事業所は、訓練等給付費などの会計と、利用者の生産活動・工賃の会計を分けなければならない。だが、ナーズを監査した松本市によると、ナーズやシードなど4つのB型事業所の出納が、すべてビスタ名義の一つの銀行口座で処理されていた。

資料を基に話す，就労継続支援Ｂ型事業所「シード」の元職員.

元サビ管によるとナーズに通帳は置いておらず、お金は本部側が管理していた。工賃は元サビ管が計算したが、地区担当者が月末に来て利用者に渡した。訓練等給付費は本来、生産活動に従事しない職員の人件費や家賃などに充てられるが、市によると利用者への工賃に流用されていた疑いがある。市の担当者は「実態は分からない」とする。

資金不足は、シードの元職員の証言からも浮かぶ。開業間もない21年3月、事業所の電気が突然消えた。調べると電気が未契約だった。その後も事業所の家主が水道代を立て替えていたことが判明したり、電話が料金滞納で使えなくなったりしたという。

冷蔵庫や電子レンジなどの備品がなく、職員が費用を出し合い廉価なものを購入。ビスタに指摘したが、代金はもらえなかった。給料は出ていたが、福祉現場で働く人に支給される「処遇改善加算」が含まれていなかった。その一方で、「赤字が出ている。利用者を50人集めてほしい」といった指示が来たという。

ナーズの元サビ管は、毎週月曜日にカレーや豚汁を自宅で作り、事業所に運んで昼食として利用者に振る舞っていたという。昼食に持参する食べ物が少ない利用者がいるのが気になった。材料は自費で買った。

こうした状況の中で元サビ管は、利用者がシャーペンを組み立てた代金の一部を着服した。その額は「6、7万円ではないか」という。退職の際に会社に着服分を「弁済させてほしい」と申し出たが、会社は求めなかったという。

取材班はビスタに取材を申し込んだが、「取材には応じない」と拒否された。岐阜市の事務所を訪ねると、責任者は不在だと言われた。

ナーズの一連の不正について松本市は、ビスタの杜撰な管理体制が背景にあるとみている。ビスタに対し厚生労働省も監査を行った。「利用者のことは二の次。給付費が目当てだったのではないか」。シードの元職員は首をかしげた。

その後、ナーズとシードは松本市に廃止届を提出した。シードに通っていた発達障害と知的障害がある40代の男性利用者は、「シードは大切な居場所だった」と寂しそうに話した。

使命感が崩れてきている

日本の障害福祉制度は「社会福祉基礎構造改革」の一環で2003年に大きく変化した。戦後長らく市町村がサービス内容を決める「措置制度」が続いたが、03年から障害者がサービスを選び事業者と「契約」する時代になった。障害福祉サービスのうち、就労継続支援は地域の身近なサービスとして経営主体の制限が設けられていない。放課後デイも同様だ。他方、発達障害と診断される人が増え、こうしたサービスの需要が増加。事業費の大半が給付費で賄われるため、民間事業者の参入の波が続いている。

障害者の通所施設の全国組織「きょうされん」常務理事の赤松英知さん(57)は、発達の特性がある特別支援学校高等部の卒業生が増えている上、職場の無理解に苦しみ、精神疾患などの二次障害を抱えた発達障害者が、就労継続支援B型事業所に流れているとする。放課後デイは、障害がある学齢期の子どもの発達に必要な訓練や指導を行うため、08年に厚生労働省の検討会で11回議論された末、12年に制度化。フランチャイズ事業者が全国展開したこともあって、事業所数は急速に伸びた。

だが厚労省によると、給付費の不正受給や職員の人員配置基準違反など、障害福祉サービスで指定取り消しなどの行政処分を受けた事業所は近年増加傾向だ。21年度には１９２カ所。中でも放課後デイは29％で突出して多い。就労継続支援事業所はA型とB型を合わせて14％。処分を受けた件数全体の約６割が、株式会社など営利法人への処分だ。

「民間の力への期待は大きかった」。厚労省の検討会で座長を務めた、淑徳大学特任教授の柏女《かしわめ》霊峰《れいほう》さん(70)は、08年当時の議論をそう振り返った。柏女さんは現状について、事業所が急増する中、「何をする場なのかという使命の部分が、崩れてきているのではないか」と話した。

問われる支援の質

放課後デイが給付費を不正受給する事例には、事業所ごとに配置する義務がある児童発達支援管理責任者(児発管)を確保できず、置いていなかったケースが多い。児発管の研修を行っている県相談支援専門員協会の米山勝也事務局長は、「不正や虐待を防ぐためには、むしろ国が要件を厳格化するべきだ」と強調する。「放課後デイは保護者のニーズが大きいとしても、儲かるような事業ではないとし、「金儲けの手段にしようとする事業者は入り口から間違えている。障害児の人生を預かる居場所を運営するのに、恥ずかしくないのか」と問いかける。

発達障害者を支援する一般社団法人シーズ発達研究所(下諏訪町)は、放課後デイの開設に向けて準備中だが、児発管採用の見通しが立たず、開所時期を半年ほど遅らせることを決めた。法人の代表理事で、児発管の資格を持つ武山弥生さん(61)は、事業所の専門性を担保するための制度は「当然必要」とした上で、「現状の制度の中で、現場が非常事態に陥っている面がある」と話す。

児発管は、障害児などの支援経験が数年ある人が基礎研修を受けられ、さらにOJT(職場で仕事をしながらの研修)を2年以上経験することなどが条件になる。基礎研修などは都道府県単位で実施されるが、長野県ではいずれも年1回。研修の途中、体調不良などで離席すれば、翌年最初からやり直さなくてはならない。武山さんは「専門職を養成する体制を拡充するべきではないか」と訴える。

国は24年度からの報酬改定で、理学療法士などの専門職を配置し、質の高いサービスを提供する場合には給付費を高くする。こども家庭庁によると、専門職が単に事業所にいるだけでなく、子どもに具体的な支援を行う態勢になっているかを評価するという。一方、同庁障害児支援課は、「児発管が不足しているとか、資格を取りにくいといった声は聞いている」としつつ、今回の報酬改定ではこれを改善するための特段の制度変更はない。

武山さんは、「児発管の確保はとても難しい。パサーXのような存在は、そういう現場の混乱に乗じているようにも見える」と言う。放課後デイが質の高い福祉サービスを提供するには専門職が必要で、行政は事業所に給付費を支給しながらチェックする。だが、膨張するニーズの勢いに比べて専門職の養成が追いつかず、事業所の急な閉鎖や不正が後を絶たない。

放課後デイ業界では、事業所数が「まだ増える」という声と、「淘汰が始まる」との声が入り交じる。いずれにせよ、専門職を増やし支援の中身で利用者に選ばれる事業所にしていかなければ、運営は早晩行き詰まる。

責任の重い仕事――悩み、楽しみながら

色とりどりのアイスクリームの模型を使い、保育士の藤田奈穂さん(32)と小学2年の男児がアイス屋の店員とお客を演じ合う。この「ロールプレイ」は、場面に応じた意思疎通に課題がある男児のために考えた個別支援だ。

4月のある夕方、放課後等デイサービスの一室。お客役の藤田さんが「チョコのアイスをくださいい」と言うと、男児は目線をそらし、無言で渡そうとした。「目を見て伝えてください」。藤田さんは男児の顔を覗き込んで、自分の目を指さす。

「どうぞ」。男児が照れくさそうに藤田さんの瞳を見てアイスを差し出すと、藤田さんは笑顔で受け

取った。

この放課後デイは、保育士の小池晶《あき》さん(53)が自分たちの目指す施設をつくろうと合同会社を設立し、仲間の保育士と２０１８年に開業。小池さんが児発管を務める。子どもの成長を運営理念の中心に据え、保護者や学校の声を聞きながら支援の質を模索している。

運動を取り入れた遊びなど曜日ごとにプログラムを変え、発達の段階に応じた個別支援を導入。一人一人の課題や配慮事項、反省点などを記録表に記し、子どもの状態を捉えてスタッフで支援の狙いや方法を共有する。「スタッフの経験値が生命線」と小池さんは言う。

個別支援の時間に，子どもの目を見て話しかける藤田奈穂さん．

小池さんの放課後デイは、子どもと保護者のニーズを把握しながら利用者を慎重に見極めて受け入れている。10人の定員に対し、言語聴覚士や認定心理士などの有資格者を9人そろえる。「楽に、早く儲ける考え方とは正反対」だが、登録者が増えて結果的に経営は安定している。

午後5時。活動を終えた子を穏やかな表情で見送りながら、小池さんは言う。「子どもの人生の一部分を預かる責任の重い仕事。何が最適な支援かスタッフみんなで悩む日々は、楽しいです」

（２０２３年４月14〜21日の記事に一部加筆）

読者の声をたずねて❷

放課後デイに振り回された娘

本章の記事に対し、県北部の女性からメールが届いた。障害がある長女が中学生時代、楽しく通っていた放課後デイが突然閉鎖に。その後、長女は放課後デイにパートでいったん採用されたが、出勤を拒まれるようになったという。

突然の閉鎖

「良い思い出もあるけれど、娘が振り回されたのも事実です」。佐智代さん(47、仮名)は、放課後デイを巡って長女の留美さん(20、仮名)が受けた体験を語り始めた。

「今月いっぱいだって」。2017年4月、留美さんは施設から持ち帰った「閉鎖」の通知を佐智代さんに渡した。

留美さんは知的障害と、自閉スペクトラム症の診断を受けている。小中学校では特別支援学級に通った。高校は特別支援学校高等部を志望。電車通学の練習も兼ね、中2の春から週1回、長野市内の放課後デイに通った。

職員は留美さんに温かく接してくれた。公園に連れ出したり、料理など生活に役立つレクリエーションを企画したり。年長者だった留美さんは、年下の子どもたちの面倒を見るお姉さん役だった。佐智代さんも、留美さんに自信がついていくのを感じた。

だが中3の春、留美さんは閉鎖の通知を放課後デイから持ち帰ってきた。事前の連絡はなかった。佐智代さんは施設に電話したが、翌週から閉鎖すると言われただけ。親身になってくれた職員たちとの別れは、留美さんにとってつらいものだった。

留美さんが通っていた放課後デイは、東京に本社があり出版や学習塾経営などを手がける株式会社が運営。同社は急激な資金繰りの悪化が閉鎖の原因だと説明した。県は17年春、児童福祉法の定める

放課後デイの職員と佐智代さんがやり取りした記録．突然閉鎖になり，次のページからは白紙だ．

閉鎖1カ月前の廃止届の提出を怠ったとして、この会社を指導した。だが、留美さんが放課後デイに翻弄されるのはこれで終わりではなかった。

「もう来るな」と言われたようなもの

留美さんは特別支援学校高等部に進学したが、新型コロナウイルスで企業での実習機会が減少。興味が湧く仕事を見つけられず、就職先は決まらなかった。卒業後、障害者の就労移行支援事業所に通い仕事を探した。

1年半ほどが経過した22年夏、ハローワークで放課後デイの児童指導員の仕事を見つけた。パートで週3日。留美さんは中学生時代の楽しかった経験を思い出して応募し、面接を経て採用された。

同年9月に働き始めて2日出勤したが、新型コロナの影響で利用者が減り職員が足りているため「来なくていい」と連絡が来た。連絡がない日に出勤すると帰宅させられた。10月まで出勤したのは3日だけ。「少しでも仕事をさせてほしい」。就労移行支援事業所を通じて訴えたが、聞き入れられなかった。「私だってつらいんだよ。働きたいけど働けない」。同居する祖父母に向かって、留美さんはそう叫んだという。

23年1月、放課後デイ側と面談すると、児童発達支援管理責任者は「他の職員が外出中、(留美さんが)電話や保護者の対応をできますか？」などと言った。マナー研修への参加を勧められたが、その日の給料は出ないとも言われた。「もう来るなと言われたようなもの」。佐智代さんは話を聞いて怒りが湧いた。留美さんは退職を決めた。

留美さんは現在、保育園で週3日、パートで掃除などの仕事をしている。園児たちと接する仕事ではないが、周りの職員も温かく接してくれ、生き生きと働いているという。

この放課後デイに取材したいと伝えたが、佐智代さんは「現在も利用している子がいる。取材はやめてほしい」と言い、「でも…」と続けた。「娘の姿が、今放課後デイを利用している子たちの将来の姿。関わり方でその子の将来が決まってくる。施設や運営企業には、その責任の重さだけは忘れないでほしい」

(2023年5月5日)

きらめく世界❸

踊る、楽しむ、この一瞬こそ私

竹内桃香さん(26)は、ラテン系のリズムに乗って自由に踊るエクササイズ「ズンバ」の講師。語り口は物静かだが、乗りのいい音楽がかかると自信に満ちた笑顔で激しく踊る。振り付けはほぼ自身のオリジナル。サークルの仲間と時折視線を合わせて意思疎通しながら、踊る楽しさを全身で表している。

自閉スペクトラム症と注意欠如・多動症の傾向がある。街中で人の声や自動車の音がすべて同じ音量で聞こえてしまう苦しさがあったり、雑談に苦手意識を感じたりする。

子どもの頃からダンス好き。高校生の頃に教師にズンバを教わり、とりこになった。障害者の就労移行支援事業所に通って就労を目指しながら、スポーツジムでズンバを学んだ。自分に合った就労先は見つからなかったが、5年ほど前にサークル「チキチキ」を立ち上げ、ズンバを教える側になった。

サークルの仲間たちと踊る竹内桃香さん.

サークルでは言葉で説明するよりも自身がまず踊り、参加者についてきてもらう。曲の特徴や歴史を想像しつつ「みんなが楽しめる独創的な振り付け」を考える。例えば、スペイン語で「おもちゃ」を意味する「エル・フゲテ」という曲では、わくわくしながらおもちゃ箱を回したり、猿がシンバルを叩いたりする様子を動作に入れた。

サークルに通う桧山なみ江さん(76)は「動きが機敏でダンスが上手。努力家で誰に対しても分け隔てない」という。竹内さんはダンスやフィットネスのインストラクター資格を取り、サークル以外でも講師として活動の場を少しずつ広げている。

「不得意なことがたくさんある」と言うが、人前で見せる切れのあるダンスはかっこいい。「コミュニケーションが苦手な人でも気軽に踊れる場をつくっていきたい」

第5章

生きる道を探して

1人暮らしの部屋から街を眺める稜さん．➡145頁本書はここまで、発達障害と診断される子どもが急増する現場で起きていることを見つめてきた。第5章では、社会生活上の困難や支障を抱え、もがきながら生きている人たちの物語をひもとく。そこから、特性がある人を追い詰めていくこの社会の「ふつう」の実像が見えてくる。

頼れる場所があれば…

「お姉さん、いくらだったら遊べる?」

「ホ別(=ホテル代別)で、60分イチ・ゴ(=1万5000円)」

ネオンが妖しく光る東京・新宿の歌舞伎町の一角にある公園の周辺。夜、所々に立つ女性に男性が言い寄る。一帯では売春交渉の風景が日常化している。好美さん(35、仮名)は、この街で性被害や困窮する女性の支援に取り組むNPO法人「ぱっぷす」(東京)のスタッフだ。

2021年冬、1人の女性が公園近くにしゃがんでいた。薄着で、足元が震えているように見える。夜の街で数多くの女性と関わってきた好美さんの勘は鋭い。声をかけて話を聞くと、女性はホストクラブへのつけの返済に追われ、ホストの男に夜の街に立つよう促されていた。

「あなたはまだホストに気持ちがあるの?」。好美さんが尋ねると、女性はスマートフォンのSNS(交流サイト)画面で男からのメッセージを映し出す。「結婚しよう」「愛してる」……。空々しい言葉を信じる女性を否定せず、1時間ほど話を聞いた。

多くの人が集う新宿・歌舞伎町.

ホストに入れ込んだ挙げ句、経済的に困窮する女性は少なくない。預金口座の通帳をホストに奪われ、文字通り身ぐるみ剝がされて相談に来た女性もいた。この女性は発達障害の特性があり、「障害者手帳も返してもらえない」と言った。好美さんには人ごとに思えなかった。

好美さんは長野市の小中学校を卒業。「空気が読めない生意気な子」だった。都内の高校に進学したが、女子の人間関係につまずき、インターネットの掲示板に「死ね」と書かれた。教室にいるのが怖くて転校を繰り返した。4校目の高校の通学途中で急に意識が遠のき、救急車で病院に運ばれた。

病院で自閉スペクトラム症と注意欠如・多動症と診断された。高校を退学し「生きる道があるのか？」と落ち込んだが、知り合いを通じて銀座のクラブを紹介され、ホステスに。10代後半のことだ。

店内をせわしなく動き接客するのは、じっとしているのが苦手な好美さんには苦ではなかった。年上の男性と臆せずに話す性格が客を引きつけ、高額な収入を得た時期もあった。生きる自信が湧いた一方で心身は疲弊した。閉店後の深夜、なじみの客に付き合う「アフター」で毎晩のように飲食し、客に話を合わせた。ある日、空が白む路上で吐き気に襲われ、激しく吐いた。

大好きだった母の死を機に20代半ばで銀座を離れた。母は障害福祉の仕事をしており、面影をたどるようにして発達障害者や知的障害者らのグループホームの職員になった。21年夏、かつての自分のように生きづらさを抱える女性の力になろうと、ぱっぷすの仕事を掛け持ちで始めた。

同僚のスタッフの香さん(31、仮名)も、自閉スペクトラム症と注意欠如・多動症の診断を受けている。大卒後に事務職に就いたが、電話対応が苦手で心が折れ、失職。経済的に困窮し、求人サイトで見つけたガールズバーで働いた。「発達特性の悩みで社会になじめず孤立していた」香さん。男性客に容姿を褒められたことは「唯一の自己肯定感になった」と振り返る。香さんは「頼れる大人や場所があったら刹那的な生き方はしていなかった」。好美さんも「銀座にいた自分を否定はしないが、ぱっぷすみたいな場を知っていれば生き方は違った」と言った。

「発達障害があるから風俗で働く、というのは絶対に違う。女性が夜の街で働く理由はさまざま」。好美さんはそう強調する。ただ、発達の特性ゆえに「ふつう」に生きるのが難しい女性たちの中には、「生きるために性を売るしかない人がいる」。そして、その女性を消費する男性がいる――。それが日本の現実だ。

「また風俗とか考えちゃうかも」

部屋には、空のペットボトルや、中身が詰まったごみ袋が5、6個散乱していた。長野県内のアパートで1人暮らしをしている初音さん(29、仮名)の部屋を、一度だけ訪ねた時のことだ。「ごみ屋敷になってます」。初音さんは苦笑しながら言った。

子どもの頃から片付けが苦手だった。クローゼットから出した衣類は出しっ放し。散らかった物の何を捨て、何を残したらいいのか、優先順位をつけられずに後回しにしてしまう。学校生活で課題を与えられても、途中で他のことに注意が向き、投げ出してしまう。そのたびに自分にうんざりした。

「発達障害なんじゃないの?」。1年半ほど前、初音さんの部屋を訪れた、当時交際していた男性に言われた。医療機関を訪ね、注意欠如・多動症の診断を受けた。初音さんは、「昼間の仕事を続けられなかったのも、『発達さん』(=発達障害者)なのが原因かもしれない」と思い始めた。

高校では同級生との人間関係が原因で不登校がちになり、1年留年して卒業。アパレル業界に就職したが、同僚と話が合わず1カ月足らずで辞めた。工場のライン作業、ホテルの受付、小売店の店員など職を転々とした。定時出社や就業時間の決まりが苦しく、遅刻が重なった。いずれも半年以上は続かなかった。

21歳の時に預金が底をついた。財布の中身は1円玉が2枚。稼ぐには「夜の仕事しかない」と思い、キャバクラで働き始めた。だが更衣室で働いている女の子が悪口を言い合うのを聞き、「自分も悪口を言われているのではないか」と怖くなった。半年足らずで店を辞めた。

上半身裸で接客するキャバクラでも働いたが、女の子同士の人間関係に悩み、接客中に過呼吸になった。駆け込んだ病院でうつ病と診断された。気持ちの余裕もなくなった。男性客の自宅や宿泊先のホテルに出向き、性的サービスを提供する派遣型風俗店(デリヘル)に入店した。23歳だった。

デリヘルの待機部屋は個室で、他の女の子と顔を合わせることはない。男性と一対一の関係で済むのは気が楽だった。出勤時間の融通が利くのも性に合った。初めて長く働き続けることができ、収入も安定した。

密室で客と2人きりになるデリヘルは、性暴力や盗撮などの危険と隣り合わせだ。清潔感がない客、しつこく個人情報を聞こうとする客に嫌気が差すこともあったが、「稼ぐにはやるしかない」と自分に言い聞かせた。

20代後半になると指名客が減った。一昨年、1時間のサービスに男性客が1万円を店側に支払う「激安店」に移った。だが、体力的につらくなった。「そろそろ潮時」と考えるようになった。

記者が初音さんに喫茶店で会ったのは２０２３年春。初音さんはデリヘルを辞めた直後で、明るく丁寧な言葉遣いでこれまでの人生を話してくれた。

「デリヘルで忍耐力がつきましたから、『昼職』(風俗以外の昼間の仕事)を頑張ろうと思って」。笑顔でそう言った。昼職に慣れて一息つくであろう、4月下旬に次回の取材の約束をして別れた。

約束の日の前日、初音さんからＬＩＮＥのメッセージがスマートフォンに届いた。体調が悪いとあり、「お会いできそうになくて申し訳ございません。5月に入ったらまた連絡さしあげます！」とつづられていた。約1週間後の午前3時過ぎ、メッセージが来た。体調が回復せず、取材を「お待ちいただけると幸いです」。初音さんを追い詰めないように回復を待つ旨を返信したが、以後連絡がつかなくなった。

取材した日、初音さんが一瞬、不安げにつぶやいた言葉を思い出した。「ふつうの仕事が向いていないってなったら、また風俗とか考えちゃうかもしれません」。困窮する女性を支援するＮＰＯ法人「ぱっぷす」のことを思い付いた。回復を願う言葉に、ぱっぷすの連絡先を添えてＬＩＮＥを返した。

PTSD×発達障害×性的少数者

稜《りょう》さん(19、仮名)は、高校を卒業したばかりの２０２２年4月、県外の看護専門学校に進んで1人暮らしを始めた。格安のアパートに住み、アルバイトをしながらやりくりする。「過去を振り払って自分を変えたい」。強い気持ちで踏み出した一歩だった。

中学1年の頃から母親と2人暮らし。その頃から母は暴力を振るった。自宅はどの部屋も物やごみが山積み。眠る場所がなく、床の隙間に家庭用プリンターを運んで枕にし、長座布団を敷いて体を曲げて寝た。冷蔵庫の中は青黒いカビだらけの食材ばかりで、米櫃には虫が湧いていた。母は虫入りのご飯を炊き、「食べろ」と言った。

高校1年の夏、腸炎で入院した病院で虐待を疑われ、児童養護施設に保護される。長期にわたる持続的な虐待の影響で、過去の記憶が突然よみがえり対人関係に困難が生じるなど複雑な症状が出る「複雑性心的外傷後ストレス障害（複雑性PTSD）」と診断された。

専門学校生になったが、苦しさは変わらない。「履修する授業数が足りないんじゃないですか？」。女性の教師にそう注意されただけで胃腸がきりきりと痛む。母を思い出して、体が反応してしまう。そして、授業の内容がますます頭に入らなくなる。

そもそも教師に注意される原因は、幼い頃に診断された発達障害の一種、自閉スペクトラム症にある。

何度やっても看護の基本動作を覚えられない。ベッドに横たわる患者役の同級生の体を拭き、シーツを交換する実習で、次の動作にまごついてしまう。「次は○○だよ」。そっと教えてくれる同級生に助けられるが、帰宅後、ペアを組んだ同級生への申し訳なさにさいなまれた。メモを見ないと次の動作に進めない稜さんと、スムーズに学んでいく同級生との差は開くばかりだ。

稜さんは小学生の頃から特別支援学級に在籍。聴覚過敏がひどく、大きな音が苦手だった。運動会でのピストルや太鼓、花火の音を聞くと泣き叫んでいた。「いつも置いてけぼりだった」

専門学校でも実習についていけず、同じような気持ちになる。22年10月に急性胃腸炎を発症し、同

12月まで学校をほとんど休んだ。単位数が足りず留年が決まり、23年4月から再び1年生の学校生活を送る。内心、通学が苦しい。

稜さんは性的少数者でもある。女性の体に生まれたが、幼い頃から男の子の服を好んだ。中学校では制服のスカートを履くのが苦痛だった。胸が膨らみ、女性の体に成長していく自身を「許せなくて、嫌で嫌でたまらなかった」

22年4月に専門学校生になって、稜さんは自分を変えるためにどんどん動いた。東京都内の精神科を受診し、性同一性障害の診断を受けた。早速男性ホルモンの注射を始め、5月には乳房を切除する手術を受けた。家庭裁判所で手続きし、戸籍上の名前を「男っぽく」変えた。

専門学校のクラスでの自己紹介で、稜さんは性同一性障害であることを明かした。だが、それで直ちに周りから男性と認められるわけではなかった。

看護服に着替えようと男性更衣室に入った時のことだ。同級生に「おまえはここでいいの?」と言われた。稜さんは顔を赤らめながら男性トイレの個室に駆け込み、そこで着替えた。

親族で唯一つながりがある祖母に、性同一性障害の診断を受けたことを電話で告げた。「気持ち悪い」。祖母は吐き捨てるように言った。「子宮は取るんじゃないよ。ちゃんと孫の顔を見せておくれ」

PTSD、発達障害、性的少数者の3つを心身に抱える稜さん。言い知れない日々の苦しさの底には、いつも「ふつう」が横たわっている。「時々思うんですけど、僕には生きている意味がないんじゃないか」

「障害」を恐れた夫　受診しないまま

高原野菜農家の晃司さん(当時42、仮名)は、自宅にこもって浴びるほど焼酎や泡盛を飲んでいた。雇用していた外国人技能実習生と農作業を巡ってトラブルになったのがきっかけだった。実習生は宿舎を出て行き、晃司さんはそれから丸2日間、酒浸りになった。2019年の夏の日のことだ。

3日目の朝、晃司さんは酒を口にするのをぴたりとやめた。その日は小雨が降り、何となく空気が重く感じられた。「おいしいな」。晃司さんは妻の摩季さん(43、仮名)が作った好物の卵焼きを居間で食べ、珍しく褒め言葉を言った。他の手料理もかみしめるように口に運び、急に涙ぐんで「俺に何かあった時は頼んだな」と言った。

昼過ぎ――。「畑に行ってくる」。玄関を出た晃司さんの手に猟銃が見えた。摩季さんは胸騒ぎがした。追いかけて、晃司さんが乗り込んだ軽トラックの前に立ちはだかり、「行かないで!」と叫んだ。運転席側に回り込もうとした隙に、晃司さんは走り去った。

摩季さんは、自宅から離れた畑の近くで軽トラックを見つけた。運転席にいた晃司さんに「ねえ、一緒に帰ろう」と必死に呼びかけたが、晃司さんは「大丈夫だから。帰れ」と繰り返した。摩季さんは「大丈夫ね?」と念を押して自宅に戻った。

それから1時間。摩季さんが再び畑に向かうと、晃司さんは畑の土手にあぐらの体勢で座っていた。「何やってるの!」。次の瞬間だった。「来るな!」と叫んだ晃司さんは、自分の胸に当てた銃の引き金を引いた。

農家の長男に生まれた晃司さんは高校中退後、農業に励んだ。高校在学中に交際を始めた摩季さんと22歳で結婚。一つのことに集中すると手を抜かない性格で、野菜栽培の工程を見直し、種苗会社と品種改良に取り組むなどして収益を伸ばした。その一方で、人間関係は苦手だった。

「もう居られない。迎えに来て」。消防団の飲み会があった日の深夜、晃司さんは摩季さんに助けを求める電話をかけてきた。消防団は先輩、後輩の関係が厳しい。別の日の会合では、殴り合ったのか、骨折して帰宅したこともあった。外国人技能実習生との意思疎通も不得手。実習生に面と向かうと気持ちが不安定になるため、代わりに摩季さんが実習生に指示を伝えた。

娘のひまりさん(15、仮名)が小学生だった17年のことだ。ひまりさんは学校で落ち着きがなくなり、知能検査を受けた。検査の結果、発達の特性があると言われた。

当時、ひまりさんのために買ったアスペルガー症候群(自閉スペクトラム症)の解説本が家にあった。晃司さんはページを見つめながら、「これは俺だよ」と言った。においに敏感で、店内のにおいが強いからと飲食店にはめったに1人では入らない。財布や鍵などの置き忘れも頻繁だった。「すごい当てはまる」と納得していた。

ただ、晃司さんは医療機関を受診することを嫌った。ひまりさんに対しても、学校の特別支援学級に入るのは「(周りから)障害があると見られる」と言って同意しなかった。この頃から「生きていても迷惑をかける」と口走るようになった。

晃司さんが自死して1カ月間、摩季さんは泣きはらした。ショックに加え、夫を止められなかった自分を責めた。「彼の発達障害にちゃんと対応していたら、こんな結果にならなかったかもしれない」。そんな思いが頭の中を駆け巡った。

「お父さん、嫌だったの分かるよ」

山あいの集落に秋の色が深まっていたある日。晃司さんの四十九日が過ぎた頃のことだ。たこ焼き店を営む松本美恵子さん(66)が自宅を訪ねてきた。松本さんの店は生きづらい人の居場所にもなっており、晃司さんは生前、1人でも行くことがあった。「どうしてこんなことに…」。仏壇を前に、松本さんはつぶやいた。

松本さんは大阪市の公立小学校で教員をした後、06年に佐久市に移住。地域で発達障害の子が増えている現状を踏まえ、18年から当事者や家族が支え合う団体「げんき会」を主宰している。晃司さんは、1人でたこ焼きを食べに来て以来、店を気に入っていた。摩季さんともたびたび店を訪れ、元教員の松本さんに子育ての助言を求めるようになった。

自分は自閉スペクトラム症だと信じるようになり、自ら命を絶った晃司さん。摩季さんは、晃司さんが地域の中で「障害者」と見られるのを嫌い、医療機関の受診を拒んだことを誰にも話せずにいた。四十九日が過ぎて訪ねてきた松本さんと話すうちに、気持ちがほぐれた。帰り際に玄関で靴を履く松本さんに打ち明けた。

「実は、2年前ぐらいから夫は自分が発達障害じゃないかって悩んでいたんです」

松本さんは摩季さんの話にじっと耳を傾けた後に言った。「晃司さんは、すごく生きづらかったたんやろうな」

晃司さんは亡くなる直前、雇用していた外国人技能実習生とトラブルになり、自宅で酒浸りになった。晃司さんの関係者は、発達障害の二次障害でうつ病になっていたとみている。

農家の長男として家業を継いだ晃司さんは、野菜の栽培に繊細なこだわりを見せた。土壌改良にカキ殻を使うなど、自然素材を使った土作りを研究。苗が均等に成長するよう温室内の条件を一定に保つ工夫をしたり、苗を植える間隔を見直したりするなど、収穫量の向上に地道に取り組んだ。

自宅近くの川の流れを見つめる摩季さん．晃司さんは安らぎを求め，よく１人で訪れていた．

他方で、野菜の価格が低迷する中、農家にも経営判断や人との交渉力が求められる時代になった。高原野菜農家は、規模の拡大や技能実習生の活用で生産を効率化する人が増えている。それに加え、年齢を重ねた晃司さんには、消防団や自治会など地域の役職が回ってきた。昔ながらの農村地域の世帯主、農業経営者、地域コミュニティの担い手。それぞれの責任や役割を、うまく背負えない晃司さんがいた。
晃司さんは時々、家でそのいら立ちを爆発させた。夫婦げんかもあり、壁に向かって物を投げつけることがあった。家の壁には、その時にできたへこみがいくつも残っている。
松本さんは常々、発達の特性がある子の親に「人と同じじゃな

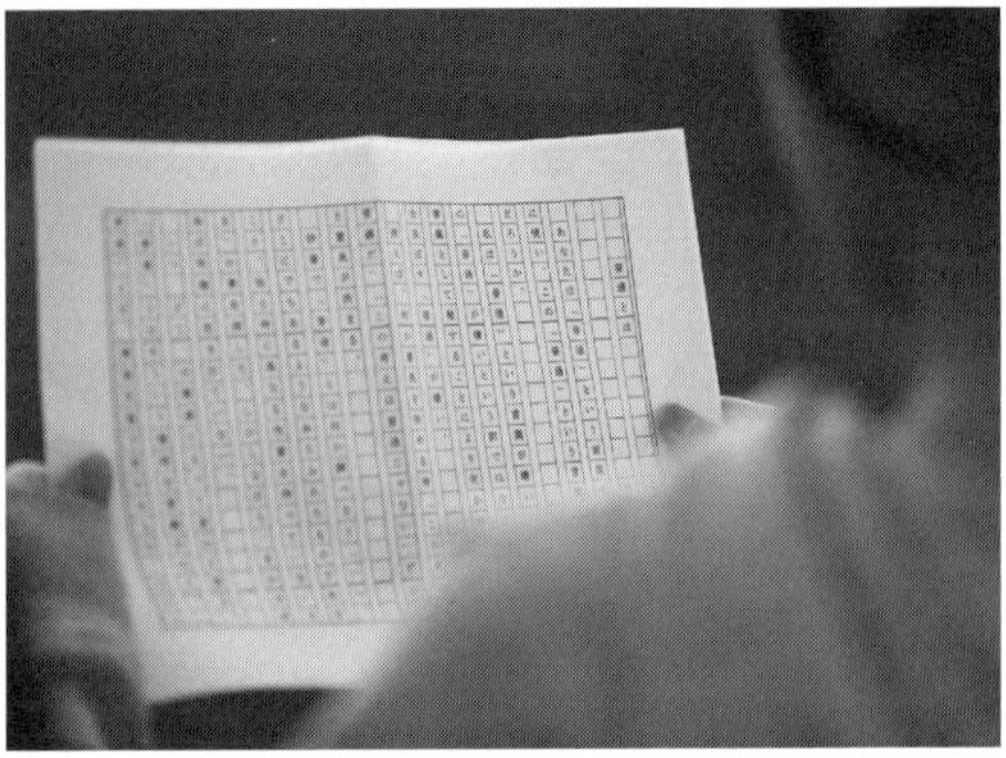

中２の時に書いた「普通とは」という作文を読み返すひまりさん.

くていい。いいところを伸ばしてあげればええやん」と言う。

摩季さんはげんき会に参加し、松本さんと話すうちに前を向くことにした。21年、小学校の特別支援学級の支援員になった。

ちょうど同じ頃、中学2年生だったひまりさんは、周囲の空気を読むことに苦しんでいた。女子同士や担任の教師との人間関係に悩み、登校が苦痛だった。その年の文化祭の意見発表で作文を書いた。題名は「普通とは」。そこには、こうつづられている。

「立場の強い人間が自分にとっての『普通』を押しつけると、立場の弱い人間は何も言えなくなる」

「己の『普通』が他の人の人生にどのような影響を及ぼすのか、責任を持って『普通』という言葉を使ってほしい。これが私の考えである」

23年5月、ひまりさんは高校生になったのを機に作文を読み返し、摩季さんと一緒に父のことを振り返った。「お父さんが、地域の集まりとか飲み会が嫌だったのがめっちゃ分かる…」。そして言った。

「『ふつう』を変えるのは難しいけれど、無理に合わせなくていい。自分の道を進みたい」

（2023年5月18〜22日）

読者の声をたずねて❸

ありたい「私」、自分が決める

本章の記事に対し、バーチャルYouTuber（Vチューバー）、蘭茶《らんちゃ》みすみさん（26）からメールが届いた。発達障害の当事者であり、幼少期から性自認の違和感を持ち続けてきたという。蘭茶さんは仮想空間で自分を表現し、現実の社会に向き合いながら、自分らしく生きる道を模索していた。

「マイノリティメタバースアイドル」

髪形は黒のツインテール。コスチュームには、水色と白、ピンクを基調にして虹があしらわれている。パソコンのモニターの中で、アイドル姿の女の子が踊っている。この子がバーチャル（仮想）の世界にいる「蘭茶みすみ」だ。

彼女をコンピューターで作成し、インターネット上の仮想空間「メタバース」でアバター（分身）として操っているのが現実の蘭茶みすみさん。戸籍上の名前は別にあるが、好きな花の「コチョウラン」と「3次元」を組み合わせてそう名乗っている。

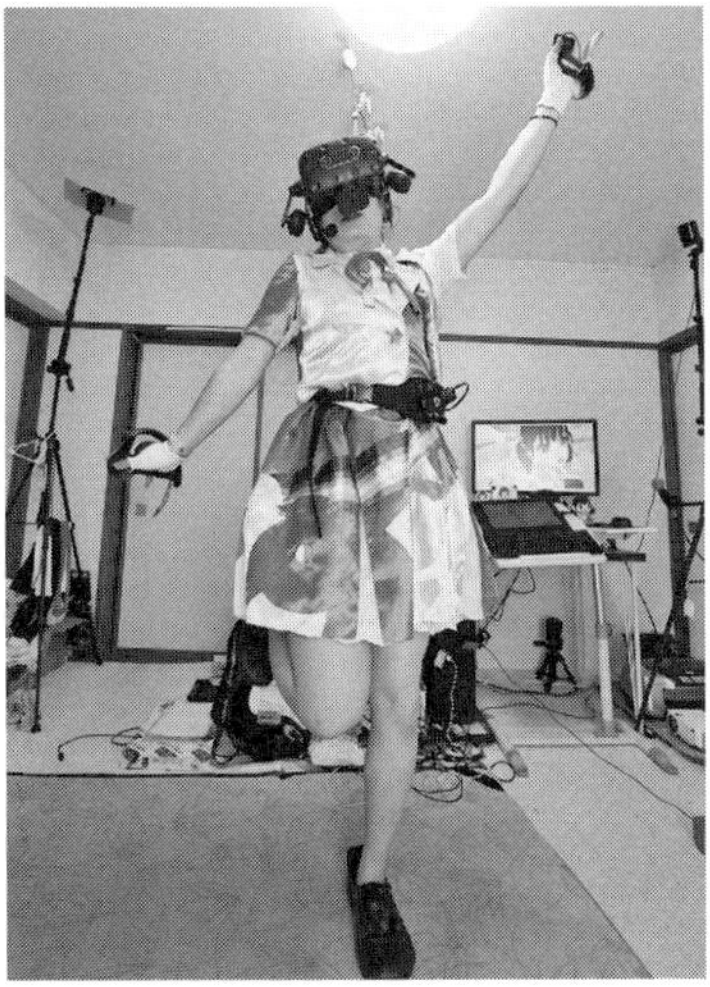

機器を装着して踊る蘭茶みすみさん．現実の動きに同調し，モニター（右奥）の中の仮想世界でアバター（分身）も動く．

現実の自宅には8畳の部屋にパソコンやVチューバー用の機器、電子ピアノなどが所狭しと並んでいた。蘭茶さんは専用ゴーグルを頭にかぶり、両手にコントローラーを握り、腰や足などにセンサーを装着。これらの機器で現実の体の動きを仮想空間のアバターに伝える。日々、歌って踊る姿を撮影して動画を制作したり、ライブ配信したり。仮想空間上の自室を訪れる友人（のアバター）と交流もする。

「仮想空間にいれば、誰とでも対等な関係性でいられるんです」。そう話す蘭茶さんは、発達障害の診断を受けている上、男性の体で生まれたが女性として生きたいと思い続けてきた。

小学3年の時に自閉スペクトラム症、注意欠如・多動症と診断された。何かを考えたり、文章をまとめたりすることは得意だが、周囲とのコミュニケーションが苦手。いじめられたことがあり、不登校を経験した。

高校卒業後、県外の大学に進学して1人暮らしを始めたが家事や買い物など身の回りのことが難しく、半年も続かなかった。1年生の夏には実家に戻り、卒業まで新幹線を使って通学した。

子どもの頃から女の子用の文房具に憧れた。絵を描くことが好きで、高校生の時、自分で描いたキャラクターに高い声を当てれば、ネット上で「女性として生きていける」と思い始めた。大学4年生になった2018年4月、制作したキャラクターをパソコン上で動かせる環境を整えた。動画投稿サイトのYouTubeに「蘭茶三角《みすみ》」の名でVチューバーとしてデビューした。

当時はまだ仮想空間ではなく、パソコンに付けたカメラで実際の自分の目や口の動きを読み取り、キャラクターを動かす仕組みだった。チャンネルの登録者は1000人超。Vチューバーが登場して間もない時期で、登録者数のランキングで国内100位台だったこともある。だが、「こんなチャンネルはつぶれればいい」とネットに書き込まれるなど中傷を受けたことや就職活動もあり、4カ月ほどで活動を休止した。

就活では新聞社を受けた。記者やカメラマンになって「自分と同じように生きづらさを感じる人を取材し、表現したい」との思いがあったからだ。面接が苦手だったが、地方新聞社1社から内定が出た。発達の特性があることなどは会社には伝えなかった。

記者として働き始め、取材して原稿を書いたが、上司がなかなかOKを出してくれない。取材で初対面の相手に話しづらさを感じ、何を聞いたらいいか分からなくなることもあった。周りについていけない感覚に襲われ、仕事に向かうのがつらくなった。休職した後、内勤業務に異動になった。

内勤になると時間に余裕が生まれ、21年にVチューバーの活動を再開することにした。仮想空間に身を置くことで、苦しかった気持ちが楽になった。生まれ変わった蘭茶みすみは、発達障害があり、性的少数者であることをオープンにした。「マイノリティメタバースアイドル」を自称する。

マイノリティとしてのありのままを伝えようと、文筆や社会活動にも取り組む。「実在する1人の人間として、自分のような生き方があることを知ってほしい」

価値観を認め合う社会を目指して発信

蘭茶みすみさんと、パートナーの春奈さん(25、仮名)は、自宅の食卓でトマトのパスタを口に運んでいた。日頃から新聞を読む2人。最近、食事時の話題には、同性婚を認める規定がない現行法を「違憲」とした地裁判決や、マイナンバーを巡るトラブルのことがよく上る。

現実の蘭茶さんは、地方新聞社に就職後間もなくして、愛知県出身の春奈さんと婚姻届を出した。出会いは蘭茶さんが大学4年生だった18年、Vチューバーの活動を始めた頃のことだ。

社会生活で息苦しさを感じていた蘭茶さんは、肉体に縛られた現実社会からの自由を求めて「肉体の廃止」を主張。春奈さんも発達障害の当事者で人付き合いが苦手で、蘭茶さんの考え方に強く共感した。2人はツイッターでやりとりを始めた。蘭茶さんがネット上で中傷を受けて活動を一度休止した後、実際に会って価値観が合うことを確かめた。

結婚生活はユニークだ。互いの発達の特性を理解し支え合っているが、互いに恋愛感情はなく、肉体関係もない。蘭茶さんの恋愛対象は男性で、春奈さんと結婚していても、仮想空間で男性と交際したことがある。春奈さんはそれを理解し、応援してもいる。

2人は結婚当初から子どもをつくらないと決めている。今の社会のままでは子どもが自分らしく生きることを保障できない――と考えているからだ。蘭茶さんは「苦しむ命を増やしたくない」と話す。

春奈さんは言う。「一緒にいるだけでいい関係。それでいいじゃないですか」

蘭茶さんは22年、勤めていた新聞社を退社し、Vチューバーの道を本格的に歩むことにした。苦手だったダンスはネットで見よう見まねで学び、練習を重ねた。多様性をテーマにした曲を作詞作曲し、踊りを付けてYouTubeに投稿している。

そうしたアイドル的な活動の一方で、蘭茶さんはマイノリティとしての生きづらさを踏まえ、社会に向けて発信することにも積極的だ。「人間が人間を尊重できない社会で幸せになるには、肉体を捨てるしかない」という考えをSNSなどで紹介。23年4月には、入管難民法改正案に仮想空間で反対する活動にも参加した。

活用の幅が広がる仮想空間について、季刊の雑誌に寄稿を続ける。記者の経験を生かし、仮想空間を通じて海外の人に取材することもある。22年の参院選では、仮想空間で開かれた演説会向けに政治家のアバターをデザインして提供した。

だが、蘭茶さんのYouTubeチャンネルの登録者はまだ少ない上、原稿料やアバターのデザイン料では生活していけない。家計は、春奈さんと共に受給する障害年金に頼らざるを得ないのが実情だ。

蘭茶さんは「将来どうしていけばいいか、自分でも分からない」ともこぼす。発達の特性があるため働くのは苦しく、就職は壁が高いと感じている。

仮想空間での活動を通じて、実際の蘭茶さんは人と話すことへの苦手意識が薄れてきた。支え合うパートナーがいて、両親も生き方を認めてくれている。「現実の自分も割と好き」という蘭茶さんは、「現実でも仮想空間と同じアイデンティティで生きたい」と考え、アバターと同じ衣装の自分の姿を発信することもしている。衣装は春奈さんの手作りだ。

「その人自身がこうありたいという生き方、価値観を認め合うことが大切」。蘭茶みすみは、それを伝えるために仮想と現実のあいだで生きている。

（2023年6月4・5日）

第6章 この社会での「自立」

福祉施設へ向かう修平さん．
川沿いの道は「季節が感じられるから好き」という．➡159頁

私たちは無意識に、健康で仕事を得て家庭を築くことに「自立」という言葉を当てはめていないか。そして、それが望ましい「ふつう」だと思っていないだろうか。だが、発達の特性ゆえに就活でつまずく人、会社で求められる業務のレベルの高さや人間関係について行けない人はたくさんいる。第6章では、働くことを巡って苦しむ発達障害者の目線を通して、この社会で「自立」して生きることの厳しさを見つめていく。

「理想の男性像」になれない自分が苦しい

唐揚げ、コロッケ、菓子パン……。深夜、長野市の実家のベッドに横になり、スーパーの総菜をひたすら口に運んだ。食べている間は嫌なことを忘れられた。2012年の冬。60キロもなかった体重はどんどん増えていった。

修平さん(34、仮名)は、同年3月に東京の有名私大を卒業。就職活動を本格的に始めたが、既卒者となり新卒に比べ不利になった上、発達の特性のせいでうまく進まなかった。同級生たちは給料をもらって飲みに行き、車を買っている。同級生をねたんでしまう自分からも目を背けたい——。修平さんにとって、逃げ道になったのが「過食」だった。

中学、高校と運動部に入ったが長く続かず、恋愛もうまくいかなかった。「いい大学に入って、いい企業に就職して盛り返したい」。私大の法学部に合格した時は達成感があったが、3年生の時にゼミの人間関係でつまずいた。大学に行けなくなり、うつ病と診断された。就活より卒業を優先すると決め、4年生の時は実家から東京の大学キャンパスに時々通った。

就活を始めたが、まず履歴書を仕上げるのに苦しんだ。履歴書は、誤記を修正ペンで消して書き直すことはいけないとされている。鉛筆で下書きしてペンでなぞるが、修平さんは途中で意識がそれて誤記が頻発した。新しい紙に下書きからやり直し。1社につき10回以上書き直すこともあり、提出期限に遅れた。

製造業、出版社、不動産業の営業や事務職……。東京と長野県内の15社ほどを受験したが、面接に進んだ社でも不採用が続いた。「駄目だ…」。10カ月ほど経ったところで、気持ちが折れた。

修平さんはその後、アルバイトに挑戦した。スーパーのレジ打ちは、分からないことがあっても、忙しそうな従業員に質問することができない。個別指導塾の講師もやったが、不真面目な生徒を注意できなかった。退職し、自室にひきこもって食べた。体重は90キロを超えた。

14年秋、父親に「障害年金を受けたらどうか」と提案された。「障害」という言葉に抵抗感があったが、お金は必要。医療機関で自閉スペクトラム症と注意欠如・多動症、さらに二次障害として双極性障害(そううつ病)もあると指摘された。雇用契約を結んで働く就労継続支援A型の事業所に通った後、障害者雇用(※)の枠で病院に採用されて、事務補助の仕事をした。

だが、「男は安定した仕事に就いてしっかり稼ぐ」という「理想の男性像」を捨てきれない自分がいた。「俺はこんなんじゃない。正社員になって人生をやり直す」。医療機関に服薬を勧められたが拒否して働いた。そして、重いそう状態になった。

そう状態のせいで、クレジットカードで服や本を「爆買い」した。リボ払いがかさみ、気付けば滞納額が40万円になっていた。退職し、薬を飲むことにした。

子どもの頃、政治や世界のニュースに詳しい父が好きだった。父のように有名大を出て大きな組織で働きたい——。理想の男性像は父への憧れから湧いた。安定した職に就けず、理想に届かない自分。それは、「モテない」という修平さんのもう一つの挫折感にもつながっている。

マッチングアプリで知り合った女性に、「不安定な職の人とは、やっぱり付き合えない」と言われた。「働いている」とうそをついて女性と会ったこともある。だが、本当のことを告げると振られた。『弱者男性』は結婚して家庭を持つのは難しい。社会の不文律をひしひしと感じる」

23年2月から、就職が困難な人などが作業をする就労継続支援B型事業所に通う。最初は終日利用したが、次第につらくなり今は午前中のみ利用。箱折りや商品の封入を無理のないペースで行う。

今の修平さんには、一般企業の障害者雇用枠で働く自信はない。「そういう自分を受け入れるのは、すごくつらい」

「覚えていない」ほど仕事を転々と

機械や道具類が整然と並ぶ、釣り銭機の製造ライン。部品に向かって黙々と手を動かす従業員の中で、英輔さん(32、仮名)は極度に焦っていた。組み立てが決められた時間内になかなか終わらない。「早くしないと」。周りの人の足を引っ張っていると感じるほど、慌てた。

2012年3月に短大を卒業後、県内のある工場で派遣社員として働き始めた英輔さん。最初の組み立てのラインでは金具で指を切るけがをしたり、ミスをしたりした。上司にとがめられたわけでは

※**障害者雇用**……障害者雇用促進法は、障害者の働く機会を確保するため、事業主に対して従業員に占める障害者の割合を「法定雇用率以上」にするよう義務づけている。法定雇用率は2023年度までは民間企業が2・3%。段階的に引き上げられ、24年4月からは2・5%に、26年7月以降は2・7%となる。

ないが、半年ほどで作業が単純なラインへ異動。そこで隣の従業員に「もっと早くできないのか」と怒られた。そのラインも外され、倉庫での部品整理に回った。

働く場で味わった最初の挫折だった。「自分はもっとできると思っていたのに……」。その後、製品の不具合の原因を探す業務を担当。作業で分からないことがあっても、人には聞けなかった。

14年5月、がんで闘病中だった母親が亡くなり、気持ちに変化が起きた。短大に進んだのは母の期待があったから。会社で頑張ろうとしたのも、母を喜ばせたかったからだと気付いた。その母を失って気力が萎え、欠勤しがちになった。そして、2年半ほど勤めた会社を退職した。

英輔さんは、子どもの頃から人付き合いが苦手だった。中学では孤立し、2年から不登校に。高校には最初は通えたが、同級生と人間関係が築けず、体調を崩して通信制高校に転学した。卒業後、1年浪人して短大に進んだ。

就職活動の準備を始めると、採用面接では自分の長所や特技をアピールしなければならないと知った。それまでの学校生活で「自慢したり、目立ったりするといじめられる」と学んだのに、今度は自分を押し出せと言われて困惑した。就活するのはやめて、派遣会社に登録して働く道を選んだ。

工場での挫折と母の死を経験した後、上田市の実家に閉じこもる日が増えた。一日中パソコンでゲームをしたり、動画を見たり。「もう必死にやっても仕方ない」という気持ちと、「外に出て働かないと」という焦りが交錯した。

思い切って期間限定の高原野菜の収穫作業をした時のこと。農家の人に収穫した野菜を数えるように言われ、「ケースごとに数えればいいですか？」と確認すると、「そんなことくらい自分で考えて」

と不機嫌そうな言葉が返ってきた。英輔さんはうろたえた。

工場での失敗を踏まえて「ホウレンソウ(報告、連絡、相談)」をちゃんとやろうと心がけていた。細かく聞いてはいけないのか。聞かないまま作業をしてミスをすることも避けたい。何が正解なのか。人と関わるのは疲れる——。また自室にこもった。

その後も派遣会社から派遣され、ホテルの清掃や食品工場のラインなど多くの仕事に挑んだ。その数は「覚えていない」ほどだ。どの仕事でもつまずき、短くて数日、長くても2カ月ほどで辞めた。そして数カ月間ひきこもる。その繰り返しだった。

家にいるのも外に出るのもつらい。「もう目が覚めなければいいのに」。ぼんやりそう思いながら眠りについた。

ある日、インターネットで発達障害の特徴や当事者の声が載ったサイトに目が留まった。人間関係が苦しい、こだわりが強い……。英輔さんは、赤信号の道路を渡る人や、親の愚痴を言って笑っている同級生が許せなかった自分に、よく当てはまると思った。

15年3月、初めて精神科を受診。広汎性発達障害(自閉スペクトラム症)と診断され、注意欠如・多動症の傾向もあると言われた。昼夜逆転の生活を改めて対人関係のスキルを高めるために、上田市の千曲荘病院の精神科のデイケアに通うことにした。

「何をやってもうまくいかない理由が分かり、少し救われた」

作業療法の一環で絵を描く英輔さん．描くことは「正気を保つための作業」だと話した．

「社会は『生産性』で人を評価する」

「最近は絵を描くことに集中していますよね」。作業療法士が穏やかに言う。使い込んだクレヨンを黙々と動かす。2時間経ち、「今日は結構進められました」と言った。

23年5月下旬、千曲荘病院。英輔さんは作業療法のリハビリの一環で、病院内の天窓がある一角をモチーフに作品を描いていた。天頂部の窓から差しこむ光は希望を感じさせるが、絵の全体は濃い青色が基調だ。「海の底」にあるイメージという。自身の心象を絵に映し出そうと試みていた。

新しい仕事に就いてはつまずき、自宅に数カ月ひきこもることを繰り返してきた英輔さん。発達障害の診断を受け、服薬も始めたが、それで苦しい日々が終わったわけではなかった。

英輔さんは千曲荘病院で就労支援プログラムに参加し、障害者雇用枠での就労を目指した。体調管理や心理面について職員に相談しながら、対人スキルを学んだ。自分に向いている仕事を探すために自己分析をし、履歴書の書き方や面接の練習を積んだ。

プログラムを経て、オフィスの清掃を手がける会社を見学し、求人に応募。履歴書には、精神科に通院していて気分を安定させる薬を飲んでいることを記した。

結果は不採用だった。「やっぱりな」。努力が通じなかったショックは大きかった。この社会は「生産性」で人を評価する。「人を使えるか、使えないかで見る。稼げなければ価値がないんだ」。それが根本原則なのだと感じた。「こんな社会でうまく生きていけないのは無理もない」。また自宅にこもり、通院と服薬をやめた。

２０１６年7月、相模原市の知的障害者施設「津久井やまゆり園」で入所者ら45人が殺傷された事件が起き、衝撃を受けた。犯人の植松聖《さとし》死刑囚は「障害者はいなくなればいい」などと供述した。

子どもの頃から集団生活がうまくいかず、仕事で苦しんできた英輔さん。自分は「社会のお荷物」なのではないか——。心のどこかにそんな不安があった。やまゆり園の事件は、障害者に対する社会のまなざしの一端を露呈しているように感じた。「生産性で人を評価するのだから、障害者や高齢者に対する差別や偏見が生まれてしまう」

社会に渦巻く怒りや不満。その矛先は「弱い立場の人」に向かう。自分にもその矛先が向くかもしれない。怖くなった。

再び外に出るきっかけは、20年初夏に襲われた膵炎だった。市内の病院に入院。看護師と雑談を交わすうちに、これまであったことを少しずつ話した。久しぶりに人と話すのは楽しかった。

その頃、新型コロナウイルスの感染拡大が本格化。英輔さんも感染を避けて家で過ごす日が続いたが、ある日急に思った。「こんな状態を続けられない。一人きりで生きていくなんて想像できない」。人との関わりを求める自分の気持ちに気付いた。1年以上ぶりに千曲荘病院へ足を運ぶと、職員が英輔さんを覚えていて声をかけてくれた。うれしかった。

英輔さんは今、障害年金を受給して生活している。「福祉制度に救われた」と思う一方で、「自分は社会のお荷物なのではないか」という気持ちは拭い難い。「仕事をして家庭を持つのが『自立』だとしたら、自分は何一つ当てはまっていない」。そして、社会の目も怖い——。

毎日、作業療法に通って心の中の景色を描く。それを喜んでくれる職員や、絵に関心を示してくれる人がいる。「辛うじて、生きていてもいいと思えるんです」。描きためた絵を、10月の病院祭で展示する計画だ。

不登校、高校中退、そしてひきこもりに

県北部に住む達哉さん(29、仮名)が長野市の就労支援機関を訪れたのは、5年ほど前だった。「もう二度と来ないかもしれないけれど」。対応した支援員のいずみさん(仮名)に、いきなり言った。「無理やり来いとは言わないよ。でも、来たい時にはいつでもおいで」。いずみさんはそう応じた。

以後、達哉さんは月に1回ほどやって来た。面談を重ねると、ひきこもり状態にあること、子どもの頃に集団行動が苦手で、同級生と折り合いが悪かったことなどを少しずつ話した。2019年、専門の病院で自閉スペクトラム症と診断された。

いずみさんは一緒に会社説明会に行ったり、企業の情報を伝えたりしたが、達哉さんは結局求人に応募しない。就労支援ではなく、仲間と交流する「居場所」を探す支援に切り替える検討もした。「居場所」を探そうか——。やんわりと意向を確かめたが、達哉さんは就労支援を望んだ。

「つながりが絶えないようにして、もう一歩踏み出す時が来たらサポートする」。いずみさんは、そ

の時を待つことにした。

達哉さんは小学4年の時に不登校になった。発言をちゃかされたりするのが嫌で、学校に行くのを渋った。中学校には1年の時は通ったが、休むと担任や同級生から「なぜ来ないの？」と言われ、プレッシャーを感じた。2・3年時はほとんど通学しなかった。急に吐き気に襲われたり、眠れなかったりすることが増え、医療機関に通い始めた。

三者面談で、担任の教師から「このまま何もしないで、ずっと家にいるのか？」と強い口調で言われた。半分泣きながら「高校は行きます」と答えた。何とか願書を書き、高校に進んだ。授業はついて行くのがやっと。その上、たばこを吸ったり、刃物を見せたりする同級生と一緒にいることに我慢ができなくなった。退学して家にひきこもった。

高校を退学して以来、達哉さんは、同居している両親の分も含めて食事や洗濯などの家事を担っている。いわゆる「ヤングケアラー」の状態だ。

一家の家計は、父の障害年金と母のパート収入が柱だった。精神疾患が悪化した父から、家計の管理や税金の支払いもやるように言われた。自分のことは後回しになった。高卒認定試験を受けたが、3年連続で不合格に。家事の合間にインターネットで求人情報をたくさん見たが、「うまく働けそうにない」と尻込みし、一度も就労していない。

達哉さんの外出の機会は少ない。日用品の買い出し、行政機関に用事がある時。そして通院と、いずみさんの就労支援機関に行く時だけだ。

スーパーで食料品の買い物を終えた達哉さん.

内閣府が23年3月末に公表した調査によると、全国の15〜64歳でひきこもり状態にある人は推計で146万人。国は09年度から支援を本格化し、相談窓口の拡充や居場所づくりに加え、就労支援や行政、医療など関係機関のネットワーク化を進めている。

ひきこもりの若者らを支援するNPO法人ジョイフル(塩尻市)理事長の横山久美さんによると、達哉さんのように不登校や中退を経験し、未就労期間が長期化するケースは珍しくない。発達の特性で先のことを予想したり、見通しを立てたりするのが苦手な人がいる。その中には、「就労に対してすごく怖い場所に行くような気持ちを抱いている人が多い」と横山さんは言う。

学校生活で「自分だけができない」という負の経験を重ねた人にとっても、就労は不安が強い。「周囲から理解されず自分を責めて傷つき、一歩を踏み出せない人がいる」

達哉さんは「親亡き後のことを考えれば、働く必要がある」と思ってはいる。でも、「組織の中で働いていく自信がない」

23年4月、達哉さんは、雇用契約を結んで働く就労継続支援A型事業所のオンライン説明会に参加した。自宅でできるデータの入力作業が中心で、これならできそうだと思った。でも、就業時間の規定内容や、スタッフとの面談がある点が引っかかる。結局、応募はやめた。

減らないミス――「ふつう」になりたい

入り口の自動ドアの開閉音、待合室のテレビの音……。ある薬局で事務職員として受付に立つ雪菜さん(22、仮名)にとって、さまざまな音の重なりはつらい。仕事への集中が途切れる原因になる。働き始めてから3年目。音は、いまだに難敵だ。

雪菜さんは注意欠如・多動症の診断を受けている。ある日、受付で顧客から電話番号を聞き取っていると、相手の携帯電話が鳴った。着信音が気になって聞き取れない。「すいません、もう1回お願いします」。聞き直して書き取ったが、その番号も間違っていた。

雪菜さんは、薬剤師にしか許されない調剤を除いたさまざまな業務を任されている。受付や会計をはじめ、薬の在庫管理、処方内容のパソコン入力。だが、ミスをしてしまう。注意されるたびに落ち込み、自分が嫌になる。

幼少期に自閉スペクトラム症と診断され、小中学校では特別支援学級に通った。周囲と自分を比較することはなく、困ることは少なかった。だが、普通科の高校に進学すると苦しくなった。教科ごとに求められる提出物の管理ができず、先の見通しを持って行動することができない。人付き合いも苦手で、友人ができなかった。半年で退学し、翌年度から通信制高校に編入した。

通信制は雪菜さんに合っていた。登校は週に1回。授業の年間スケジュールがすべて決まっていて見通しが立てやすかった。楽しい学校生活よりも「早く社会に出たい」という気持ちが強く、週5日、コンビニでアルバイトをした。うまくいかないと感じることもあったが、あまり困る感覚はなく働けた。卒業後、アルバイトを続けながら自動車の運転免許を取り、医療事務の勉強に励んだ。そして、

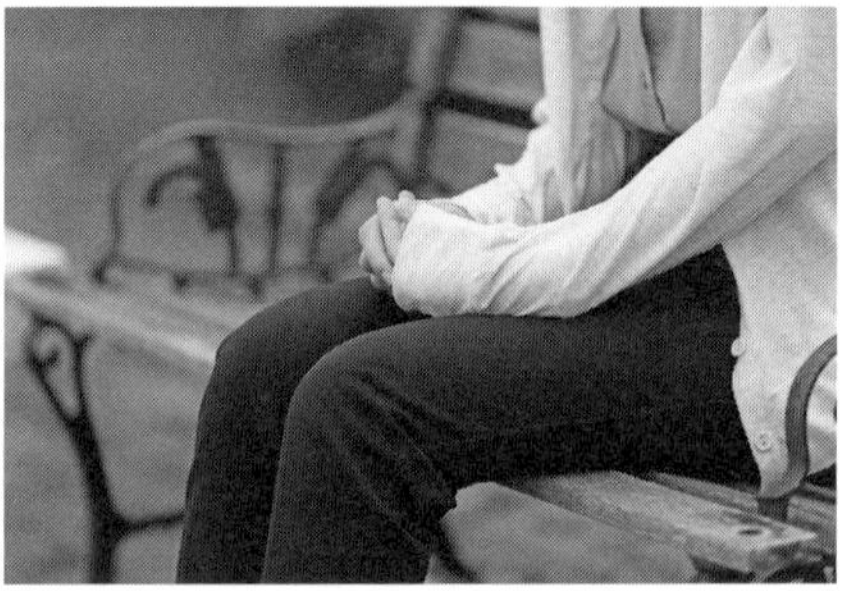

「特性に振り回されずに働きたい」という雪菜さん.

薬局への就職が決まった。

薬局の仕事はコンビニよりも求められるレベルが高かった。雪菜さんは自分で仕事の優先度をつけるのが難しい。集中が途切れ途切れになる中で、同時に複数の仕事を進めないといけない。苦しくなり、幼少期から診てもらっている主治医から注意欠如・多動症の診断を受け、薬の服用を始めた。

薬局では日々の業務で印鑑を押す機会が多い。後でやろうと思っていると忘れる。やるべきだと分かっている仕事でも、他のことに気を取られ、頭から抜け落ちる。順序立ててやるように気を付けているが、ミスは無くならない。

自分では困っていると分かるが、具体的な状況を言葉にできない。何を助けてほしいのかが分からなくなり、周りの人に声をかけづらい。その結果、ミスをする。他人から見れば「軽い注意」であっても、雪菜さんは「自分に非がある」と自覚しているため、言われるとすごく落ち込む。「役に立ちたい」という気持ちと、現実の自分とのギャップが苦しい。

雪菜さんは、職場で自身の特性のことを、1人の薬剤師にしか明かしていない。服用する薬の副作用について質問したのがきっかけだった。以来、この薬剤師は何かと気にかけてくれるのだが、症状や仕事についての相談をできずにいる。「自分の症状はなるべく隠したい」

一生、自分の特性に向き合わなくてはならない。でも雪菜さんは、「特性に振り回されずに、求められた仕事を当然のようにこなせるようになりたい」という。「苦しむ姿や弱みを、人には見せたくない」。特性を他の人に知られたら退職するしかない、とまで思う。

今の仕事は「好き」だ。新しい資格取得に向けた勉強も進めている。けれど、このまま正社員として続けていけるのか、不安に駆られる。

「『ふつう』になりたい」――。雪菜さんは葛藤している。

「狂気」を経て、「ふつう」と闘わない境地に

玄関のドアを開けると、ダイニングはがらんとしていた。冷蔵庫の他には窓際に小さな木製の台が一つ。その上に花瓶が置かれ、だいだい色のカーネーションが2輪、生けられていた。

県中部の公営集合住宅で一人暮らしをしている明日香さん(49、仮名)を訪ねた。生活保護を受給している明日香さんの部屋は、質素だが行き届いた気配りが感じられた。

「光熱費が上がった冬場に、ご飯を1日1回にしたら倒れてしまったので、食事だけはしっかり摂ってます」。自治体から譲り受けた炊飯器やトースターを使い、食事はすべて自炊。ご飯と味噌汁、おかず1品と決めている。ジャムや味噌は原料を手に入れ、自分で作るという。

切り詰めた暮らしぶりは徹底している。化粧品は中古品をインターネットで購入。洗顔水や保湿クリームは、直売所で買ってきた米ぬかやローズマリーを原料に自分で作る。洋服は1年に5パターンほどを着回している。

パソコンは10年以上前に買ったノート型を使っている。今の生きがいは、ウェブ会議システムなど

で発達障害の当事者やひきこもりの人の声を聴き、自身の壮絶な経験を語ること。「人生って、オセロがひっくり返るように変わるんです」。朗らかに言う。

明日香さんは千葉県の地方都市に生まれた。父親は母親に暴力を振るい、母は明日香さんを虐待した。小学6年の頃に父はいなくなった。母とも疎遠になり、祖母の家を中心に育った。高卒後、東京に出て百貨店に就職した。

会計で値段を間違えるなどミスが多く、上司によく怒鳴られた。上司や同僚が「何か本音を隠している」ようで怖かった。対人恐怖症と診断されて精神安定剤を飲んで働いたが、49歳だった母が自死したのを機に25歳で退職。その後、コールセンターやマッサージの仕事をしたが、予約を取り違えるミスなどをし、長くは続かなかった。ホームレスになり、関東や北陸地方の寺などを転々とした。

2012年夏、長野県中部のある自治体にたどり着き、無住の民家に住まわせてもらった。直後に体調を崩し、生活保護を受給。精神科で自閉スペクトラム症と注意欠如・多動症、重度のうつ病と診断された。3カ月経ったが、体のだるさが取れなかった。ここから、明日香さんが「狂気の時代」と呼ぶ5年が始まった。

体が重く、風呂にも入れなくなった。スマートフォンを眺めていて目に留まった「弱者は死ね」という言葉が頭から離れない。死のうとして、夜、JR大糸線の線路に立った日もある。

踏みとどまれたのは、生きづらさを抱える人がネットに書いた悲壮な言葉のおかげだ。「このままだと誰かを殺《あや》める」「自殺を認める法律を作ってほしい」……。苦しんでいる人は自分だけではないと分かり、少しだけ冷静になれた。

17年夏のある夜のことだ。明日香さんは入浴中、何かに憑《つ》かれたように暴れた。「なんで神様は助けてくれないの！」。一人、浴槽の中で泣きわめき、壁を殴り続けた。手から血が流れた。その血を見て、「深海の深淵にたどり着いた」ような気がした。頭の中が晴れ、「自分のままでいいんだ」と思えた。

半年後、自宅を出て、ひきこもりの当事者や治療者らが対話するプログラムに参加するまでに回復した。

明日香さんは時々，クレヨンなどで自分の気持ちを絵にする．手に持っているのは現在の絵．机に並べてあるのは「狂気の時代」に描いたもの(写真の一部を加工)．

20年12月、明日香さんは子宮筋腫と卵巣嚢腫《のうしゅ》が悪化し、自宅で大量出血した。自転車をこいで自治体の生活保護の窓口に行き、助けを求めた。一人の女性職員が病院に付き添ってくれた。この職員は、子宮摘出手術を受けて退院した後も気にかけ、支えてくれた。明日香さんは、人を信じる気持ちを取り戻した。

女性職員は「明日香さんは努力して生活をやりくりしている。今は別人のように表情が穏やかになった」と話す。

仕事も家族もお金もない、ひきこもりの自分。そんな自分を心から許し、過去の経験を「ギフト(贈り物)」だと思えるようになった。その訳を問うと、明日香さんはこう答えた。

「『ふつう』と闘わなくなったからかな」

特急あずさの座席の枕カバーを交換する滝沢春美さん．

周りに頼るのも自立

5月下旬の午後。松本駅の4番ホームに、3時37分到着予定の特急あずさ25号が数分遅れで入ってきた。「少し戸惑いますね」。柄の長い床掃除用具を手に到着を待っていた車内清掃員、滝沢春美さん(43)は言った。

車内清掃は1車両を1人で受け持つ。このあずさの清掃時間は25分で、到着が遅れると、その分時間が減る。滝沢さんには自閉スペクトラム症の特性がある。以前ならこういう状況で焦ってしまい、清掃の手順が分からなくなった。でも今は、「戸惑う」という言葉とは裏腹に、表情に余裕が見て取れる。

降車客を見送ってから車内へ。滝沢さんはトイレの細かな汚れには目をつぶり、64席の枕カバーを交換し、床清掃などを手際良くこなしていった。

滝沢さんは高校卒業後、バス会社に就職してガイドになった。だがツアー会社から、必要以上に乗客と馴れ馴れしくしすぎると苦情が来た。退社し、介護助手や旅行会社の窓口業務などを転々とした。2016年、車内清掃を手がけるＪＲ長野鉄道サービスに入社し、松本市の営業所に配属された。もともと電車が好きで採用が決まった時は心躍ったが、働いてみるとすぐに苦しくなった。

あずさを担当した時のこと。到着時間が遅れて清掃時間が減ったが、所属長は「それなりに済ませてください」と言った。滝沢さんは「それなりに」という曖昧な言葉に困惑した。限られた時間内でどの作業を優先し、何を後回しにすればいいのか。窓に付いた指紋を見つけたらどうするの？　トイレの便座の汚れは？――。こだわりが強い滝沢さんの特性が、具体的な「障害」として現れた瞬間だった。

その後も、列車の到着が遅れるとリズムが崩れ、懸命にやっても作業が間に合わないことが続いた。劣等感が募った。入社から半年ほど経った頃、精神科で自閉スペクトラム症と診断され、障害者手帳を取得した。

自身の特性を所属長に打ち明けたが理解されず、滝沢さんはうつ病を発症した。同じ型の車両の清掃を日々繰り返す担当に配置換えになった。「病気だから仕方ない」――。同僚の心無い言葉も耳に届いた。

18年2月、営業所長に森田雅志さん(65)が赴任すると、滝沢さんは自身の障害をまず説明した。森田さんは話を聴くと、一緒に主治医を訪ねて滝沢さんの特性について学んだ。

「滝沢さんは物事を順序立てて行うのが苦手」「清掃時間が急に短くなったら優先順位を立て、具体的な指示を出すこと」――。森田さんは、医師の説明を滝沢さんの上司らに伝えた。時間がない場合、座席を正常の位置に戻すことを優先する。窓の汚れは目立つものだけ拭き取る。洗面台のせっけんの補充は余裕があればやる……。具体的な指示によって、滝沢さんの働きづらさや孤独感は、少しずつ和らいでいった。

旧国鉄時代から運転士を務め、複数の部署で管理職を経験した森田さんは、職場のハラスメントやいじめは、それぞれの人が抱いている「『ふつう』の認識のずれ」で生じると感じてきた。JR長野鉄道サービスには、外国籍の人や、リストラを経験して傷ついた人など多様な人が働いている。この職場をうまく回していくポイントは、「まず話し出せる雰囲気をつくり、聴くこと」にあるという。そんな森田さんが、滝沢さんの訴えを受けて滝沢さんの主治医のところに足を運んだのは「自然なこと」だった。

この一件があってから、職場で指示の具体的な声がけが広がった。すると、「障害」の有無にかかわらずどんな社員にも作業が分かりやすくなり、ミスが減少傾向に。職場の雰囲気も良くなった。滝沢さんは同僚の男性と結婚し、子どもも授かった。

一人ですべてを解決しようとせず、周りの人に頼り、支えてもらいながら少しずつ一人前になる――。滝沢さんは言う。「頼ることも自立のうち。そこに開かれる世界って、すごく優しいはずです」

（2023年6月6〜14日）

きらめく世界❹

鍵盤に魂を込めて

鍵盤の上を動く村山雄登さん(21)の十指は、滑らかで素早い。母校の飯山養護学校にあるグランドピアノを魂を込めて弾く。まるで別の生き物のように動く指から音楽が生まれ、村山さんの感情の高まりが伝わってくる。

学習障害があり、漢字の読み書きや割り算などが苦手。学校の授業はなかなか頭に入らなかったが、音楽だけはすっと体に入ってくる感覚があった。小学2年の頃、テレビで見たピアニストの演奏に感激してピアノを始めた。特別支援学級の先生に楽譜の読み方を教わった。いじめに遭っていたが、いじめをした子が「ピアノをもっと聴かせて」とせがむようになった。ピアノが窮地から救ってくれた。

クラシックのピアノソナタや尾崎豊のヒット曲など、演奏する曲は幅広い。「その人の経験した思いを表現しているような、心揺さぶられる曲が好き」。すべての感情を表現したいと思うあまり、演奏中に涙があふれ出すこともしばしばだ。

高等部3年の頃、初めて作曲した曲が文化祭のテーマソングに採用された。「チャレンジしてみよう」という前向きな気持ちを曲に込め、生徒たちが歌詞を付けた。同校の文化祭で歌い継がれている。

当時の担任、山本裕一教諭(48)は、「音楽に対する夢があり、情熱をとても注いでいた。これからも大好きな音楽で活躍してほしい」と見守る。

ピアノを弾く村山雄登さん.

村山さんは、就労が難しい人などが生産活動をする就労継続支援B型事業所で働きながら、グループホームで仲間と暮らしている。毎日1時間ほど自習室の電子ピアノを弾く。今はベートーベンのソナタ「熱情」を練習中だ。

きらめく世界❺

「旧車」への愛、細部に込めて

レトロな車の手作りのミニチュアがずらり――。

高校1年の尾沢佑貴さん(15)は、製造年が古くデザインがユニークな「旧車」が大好きだ。気分が乗った時に自室で1、2時間、厚紙などを利用して、自分だけのミニチュアを作る。

注意欠如・多動症などの特性があり、小中学校では特別支援学級(支援級)で過ごした。小3の頃、旧車のとりこに。特に1958(昭和33)年に世に出た「スバル360」は、今でもお気に入りだ。

初めはミニカーを収集したが、小学校は持ち込み禁止。「旧車と片時も離れたくなかった」ため、支援級の工作の時間に手作りを始めた。

作品はインターネットの画像を参考に作る。車体は厚紙製。丸みのあるボディーは色のある厚紙を曲げ、瞬間接着剤で固めて表現する。ボールペンのバネをサスペンションにして車体の下部に付けたり、クリップをペンチで伸ばしてから丸く曲げてハンドルにしたり。フロントガラスは、余ったプラスチック板を再利用している。

これまで作った車は20台以上。「車の年式の特徴が出るように意識している」といい、気に入らないと何度も作り直す。2019年、県内の障害がある人の作品展「ザワメキアート展」に入選した。

休日はグーグルマップで長野市周辺の画像を見て、空き地に放置されている古い車を探す。旧車らしきものを見つけると、自転車で現地へ見に出かける。

「いつか本物のスバル360を手に入れたい」

自作の「スバル360」を見せる尾沢佑貴さん.

第7章 「聴く」ことの希望

2歳の穂織ちゃんを抱いて散歩する橋詰絵茉さん(左から3人目)ら,
「かえるのいえ」の利用者たち.
左端は夫の嗣紀さん. 右から3人目が高山さや佳さん. ➡186頁

発達障害者が急増している時代にあって、苦しい経験の原因と責任を、特性を抱えている人に背負わせているだけでは学校も、企業も、家族も立ち行かない。集団の中にいるのが息苦しい、集中が続かない、コミュニケーションが嫌い、読み書きが不得手……。人と社会のあいだで現れ出るこうした「特性」が現代では問題視され、その「特性」を「障害」にしてしまう。その本質を見つめ直す契機はどこにあるのか——。取材班は、まずは、その生きづらい感覚を当事者も、周りの人も「異なもの」とするのではなく「信頼する」こと、そして、その感覚を「聴く」ことが鍵になると考えた。ここから、多くの人が感じている生きづらさの背景にある社会の構造、そこにつながっている私たちの意識の中の「ふつう」に目を向ける道が開かれる。

擦れ違いと受容と――あるカサンドラ症候群の夫婦

「おなかすいたから唐揚げでも食べようよ」

結婚して間もない頃のことだ。早苗さん（仮名）は、夫の巧己さん（仮名）と祭りに出かけた。頼むと、巧己さんは屋台で6個入りの唐揚げのパックを2つも買ってきた。早苗さんは唐揚げの量に驚いた。「こんなに食べられないよ……」。その場で言い合いになった。

交際していた時、巧己さんは身を乗り出して早苗さんの話を聞いてくれた。おしゃべりが好きな早苗さんはうれしかった。だが結婚して共同生活を始めると、コミュニケーションの違和がすぐに表面化した。

話題の共有が難しく、会話は出だしで止まってしまう。何度も聞き返してくる巧己さんに、イライラは募った。巧己さんは「日本語が難しい」と言った。早苗さんは自分が変なのかと思い、周囲の人に「私の話し方っておかしい？」と尋ねた。

怒りが湧き、巧己さんを叩いたり、大声を上げたりするようになった。早苗さんの心身の調子は悪化した。疲労感が重く、寝込んだ。日記を書こうとしてノートを開くが、文字が書けない。原因が分からず、誰にも相談できない。「何のために一緒になったのだろう……」。「離婚」の2文字が頭をかすめた。

結婚して3年が経った頃、早苗さんは巧己さんには発達障害があるのではないかと気付いた。インターネットで調べると、自分の状態のことを「カサンドラ症候群」というのだと知った。

カサンドラ症候群は、パートナーや家族、職場の同僚など身近な人に発達障害があり、コミュニケーションがうまくいかずストレスで心身が不調になる状態を指す。医学的な診断名ではないが、抑うつや無気力、体重の増減といった症状が出る。発達障害者とそのパートナーが夫婦で、パートナーがカサンドラ症候群の状態にある場合、別居や離婚につながるケースは少なくない。

巧己さんは子どもの頃から、人の輪に入ることが苦手だった。理由は分からないが、人に嫌われたり避けられたりした。人に近づかなくなり、「人間嫌い」になった。でも勉強は得意だった。今も会社で働いている。

巧己さんにとって話し言葉は、「片仮名で入ってくるような感覚」という。集中して一語一句を聞かないと意味を理解しにくい。聞き漏らすと頭の中で言葉を補えない。分からない言葉があると、その後の話は頭に入ってこない。

早苗さんに勧められて病院を受診すると、自閉スペクトラム症の傾向を指摘された。言葉は知っていたが、自分が当てはまるとは思いもしなかった。

早苗さんは藁をもつかむ思いで、発達障害の当事者会に参加した。苦しいのは自分だけではないと知った。その後、巧己さんも参加。巧己さんは自分と似た境遇の人がいることを知り、自分の話をするようになった。

早苗さんは医師に、「巧己さんが分からない場合にはそのつど教えてあげてください」と言われた。

主語や述語を明確にして話すようにすると、巧己さんは話を整理して理解できるようになった。

一緒に旅行をすると、巧己さんは自分が知らないことを教えてくれる。決してひけらかさずに興味があることを話す巧己さんが、早苗さんはもともと好きだった。苛立つことが減り、前より巧己さんの話を聴けるようになった。

2人は今、50代。夫の特性がなくなるわけではないし、今でもけんかする時はあるが、早苗さんは「一番つらい時期は乗り越えた」という。ありのままでいい、とまでは言えないが、「まあいいか」と受け流せるようにはなった。「優しい気持ちを忘れないことが大事」と話す。

巧己さんは特性を自覚し、苦手なことには無理をしないようにしている。早苗さんと話し、当事者会で自分をさらけ出すことで自己肯定感を保っている。

「けんかはするけれど、今まで一緒にいられたのは妻のおかげです」

2人はよく散歩する．向かい合うよりも，横に並んで歩く方が「話ができる感覚がある」からだ．それでも話が擦れ違うことはよくある．

本当の声を引き出す「耳」

富士山を望む傾斜地にある、長野県富士見町の障害者福祉事業所「アートカレッジちゃお」。2018年2月、前髪が両目を覆うように長い、うつむき加減の女性がここにやって来た。通信制高校を中退後、自宅にこもりがちだった莉子さん(27、仮名)だ。

「アートカレッジちゃお」の利用者と一緒に畑仕事をする小平健留さん.

主任支援員の小平健留《たける》さん(36)は、莉子さんの様子を注意深く見ていた。手工芸などの活動に励みつつ、食器の配膳や片付けにも率先して動く。気配りし過ぎているように見えた。「何か言葉にならないメッセージを発している」。そう直感した。

昼食や休憩時間に言葉をかけることから始めた。「ご飯、お代わりする?」「こっちに座る? それともあっち?」——。伝えたいメッセージは、「どっちを選んでもうれしいよ」、ということ。莉子さんは「本音を言っても否定されないことに安心感を覚えた」という。

アートカレッジちゃおは、障害者総合支援法に基づき、生活能力を高める「自立訓練」を行う通所施設。小平さんは養護学校で陶芸のボランティアをしていたが、運営するNPO法人理事長の関祐二さん(67)に誘われ、15年の開所当初から、ちゃおに勤務している。

小平さんは子どもの頃、勉強や仕事をする理由を考え込むタイプの子だった。周囲の大人からは「そんなこと考えても仕方ない」と言われ、苦しかった。ちゃおの利用者に対しても、生きづらさの「根」にある気持ちを一緒に探すことが「出発点」だと考えている。

自立訓練施設の利用期間は原則2年。小平さんは、莉子さんには自分を見つめる2年間にしてもらうことにした。毎日、駅や自宅まで自動車で送りながら、道中で莉子さんと話した。小平さんは、自分が小さい頃、母親の話の聴き役になっていたことなどを明るく語った。そのうちに、莉子さんが少しずつ話し始めた——。

莉子さんは小さい頃から会話が苦手。小学校では友達ができず、いじめに遭った。中学校でもいじめられて不登校に。定時制高校では気力が湧かず、通信制高校に移ったが、結局退学した。両親との関係は複雑だったが、家を出られずにひきこもりの状態だった。

医師に学習障害の「グレーゾーン」と、統合失調症と診断された。就労継続支援B型事業所に通ったが人間関係になじめず、また家にひきこもった。4カ所の事業所を転々とした。その間、何度も自死を試みたが、母に止められて命をつないできた。

「自分が悪いと思った」「いつかふつうに働きたい」……。小平さんは莉子さんの言葉を一つ一つ受け止めた。話が続いた日は、諏訪湖を2周ドライブして聴いたこともあった。莉子さんは母を支えることによって、自分の存在を保っていることが分かってきた。

1年が経った頃。小平さんは「もっと自分を大事にしてもいいと思うんだ」と伝えた。すると、莉子さんは涙をこぼしながら、実家を出て一人暮らしをする意思を漏らした。

ちゃおの支援員同士で、莉子さんには日中活動を特段させないことを確認した。莉子さんは散歩をしたり、ぼーっとお茶を飲んだり。何もしなくても人に受け入れられる経験を重ね、「生きてるだけでいいんだ」と分かった。

ちゃおでの2年を終え、莉子さんはアパートで暮らし始めた。現在、就労継続支援A型事業所の喫茶店で調理や接客をこなす。長かった前髪に鋏を入れ、眉のところでそろえた。人の目を見て話せるようになった。

定期的にちゃおを訪れ、小平さんに近況を報告する。ちゃおのウッドデッキでコーヒーを飲みながら言った。「小平さんに聴いてもらえて、自分で自分を痛めていたことに気付いたんです。幸せな気持ちを感じられる自分にも気付いた」

「それはうれしいな」。小平さんはケラケラと笑う。2人の笑い声が、雨上がりの夕空に吸い込まれていった。

人は、人と生きてこそ人

隆々とした緑に覆われた野山。その足元の田んぼでは、カエルたちが互いを呼び合うように鳴いていた。

6月、長野市松代町清野。田園地帯の一本道を、「かえるのいえ」に通う人たちが散歩していた。その中に2歳の長男、穂織《ほおり》ちゃんを抱きかかえる橋詰絵茉《えま》さん(25)と、夫の嗣紀《つぐのり》さん(44)がいた。

かえるのいえは、NPO法人代表の高山さや佳さん(47)が、2021年4月に民家を借りて開所。障害者や高齢者、生きづらい人が集う会員制の居場所だ。名称には、「拠点に帰る」と「自分を変える」という2つの「かえる」の意味が込められている。

自らも生きづらさを感じている高山さんは16年5月、隣の千曲市に居場所兼喫茶店「ごちゃまぜカフェ」を開いた。絵茉さんはここで嗣紀さんと出会った。

「お母さんになる夢がかない、充実しています」。今は明るく言う絵茉さんだが、過去は苦しかった。

絵茉さんには自閉スペクトラム症の特性がある。二次障害で、さまざまな人格が現れる解離性障害を発症し、中学3年から精神科の閉鎖病棟に入退院を繰り返した。長野市にある若槻養護学校の高等部を卒業後、開設間もないごちゃまぜカフェにやって来た。他の施設にはない居心地の良さを感じた。

一方、高山さんは、ある福祉関係者から絵茉さんについてこうささやかれた。「医療対応が必要な人。居場所で受け入れるには重すぎる」

高山さんは絵茉さんと面談し、「あなたはどうしたいの？」と尋ねた。絵茉さんは「入院したくない。変わりたい」と、か細い声で言った。カフェには医療や福祉の専門家はいない。だが、高山さんには「信念」があった。

高山さんは医師から発達のでこぼこを指摘され、学習障害の傾向がある。シングルマザーとして2人の子を育て、介護施設で夜勤をしていた時に心身の調子を崩した。幻聴と孤独感にさいなまれ、自殺念慮も抱いた。

勤めていた介護施設を障害者たちが慰問した時のことだ。高齢者たちが障害者と過ごした時間をとても楽しんだ。その日の別れ際には涙を流して障害者を見送る人もいて、驚かされた。人は特性や属性を超えて感じ合う。すると、生きる力が湧いてくる——。以後、障害者や高齢者など多様な人が集うイベントを毎年企画した。「人は、人と生きてこそ人」という信念が生まれ、ごちゃまぜカフェを開いた。

絵茉さんには、カフェに来ても、成人男性や動物など12種類の人格が現れた。物を投げ、リストカットをし、漂白剤を飲んだ時もある。だが、不思議と誰のことも傷つけなかった。カフェの人たちは対応に慌てたが、「迷惑かけたっていいじゃん」「俺も若い頃は暴れたよ」と声をかけた。高山さんは絵茉さんに、自分の過去や劣等感を話して聴かせた。

カフェには、子どもの不登校や発達障害のことで悩む保護者も訪れる。高山さんは絵茉さんに、保護者の聴き役をたびたび頼んだ。ある母親は、「息子が何を言っても聞いてくれない」と泣いた。絵茉さんは、教室から飛び出して暴れた自分を迎えに来てくれた母のことを思い出した。

「まずは、息子さんがどうしたいのか聴いてあげてください。それから、どんな時でも息子さんに『大好きだよ』って言ってあげてください」。保護者にそう話した。話しながら、絵茉さんの中に「母親」という存在への憧れが芽生えた。

絵茉さんが、カフェの常連だった会社員の嗣紀さんと結婚したのは19年。20年7月に妊娠が分かった。病院の超音波検査で胎児の心拍を聴いた。命を感じ、「お母さんになる」実感が湧いた。それ以後、絵茉さんが別の人格に支配されることはなくなった。

高山さんは、新型コロナウイルスの感染拡大のためごちゃまぜカフェを閉じたが、21年にかえるのいえを開けた。ここに集う人のことを、高山さんは「仲間」と呼ぶ。

「私自身、仲間に支えられて生きている。仲間といると、そう実感できる」

聴き、聴かれる関係で育まれるもの

駒ケ根市のカウンセラー、有賀和枝さん(70)は、社会や人との関わりが苦手な人を対象にしたグループワークを週1、2回、開いている。グループワークの名は「学び舎《や》」。農業などの体験と、参加者が気持ちを語り合う時間が柱だ。6月のある日、学び舎に通う3人が、有賀さんを囲んで集まった。

雅人さん(28、仮名)は物静かに、言葉を選びながら言った。「最近の雅人君は、以前よりこだわりが『『こうでなければいけない』とこだわる自分を知ることで、生きやすくなってきたかな」なくなってきた」。そう話を向けてきた聡さん(30、仮名)に、自己分析してそう答えた。

雅人さんが有賀さんと出会ったのは、有賀さんが市内の中学校で相談員をしていた15年ほど前のことだ。当時、雅人さんは不登校ぎみで、自分からはほとんど話さない生徒だった。

1980年代、有賀さんは中学校の国語教師だった。放課後、図書室にいると生徒たちが話しかけてきた。家族のこと、今困っていること……。授業で読む、書く、話すことには力を入れてきたが、「聴く」ことを大切にしてきただろうか？——。最初に自問したのはこの時だ。

94年から6年間、有賀さんは市教育委員会の訪問相談員として、不登校で自室にこもっている小中学生を訪ね歩いた。何度家に行っても会ってくれない子ばかりだった。

「先生は忙しいですか？」。ある子が一言だけ発した。「私は時間あるよ」と答えた。その後、その子と打ち解けて話をするようになった。「そろそろ学校の居場所に行ってみるのはどう？」。そう水を向けると、その子は「まだいいです」と拒否した。有賀さんは、はっとした。最初に「私は時間がある」と言ったのに、結果を焦った。その子を待てなかった自分に気付いた。

雅人さん（手前）の話に耳を傾ける有賀和枝さん.

ある小学生に、「どんな人がそばにいたらいい？」と尋ねたことがある。その子は「うちの犬みたいに、黙って話を聴く人」と言った。「犬は、私の言ったことを良いとか違うとか、言わない」

小さな声が胸に刺さった。聴くより前に、自分の意見を言っていないか。人のことを分かったような気になっていないか――。

有賀さんは94年に亡くなった父、中島久雄さんを思い出した。玩具店を営んでいた久雄さんはどんな時も否定せず、丸ごと受け止めてくれた。「私は父に聴いてもらって育ったんだ」と思い至った。

訪問相談員の仕事を始める直前、病床にあった久雄さんは「子どもたちを野に放ってやれ」と言った。後になってそれは、「その子がその子らしく生きることを尊重してやれ」という意味だったのだと理解した。

有賀さんは仕事を辞めて千葉大学の大学院に通い、ひきこもりについて修士論文を書いた。その後、臨床心理士の資格を取得。駒ケ根市で中学校の相談員になった時、雅人さんがやって来た。

雅人さんは、授業で意見を言ったり、体育で一列になって跳び箱を跳んだりする時に極度に緊張した。限界だと思った時、「学校で唯一、安心して話せる」有賀さんの相談室に逃げ込んだ。「有賀さんは待ってくれた。自分のペースで話せた」

雅人さんは短大生の頃、病院で発達障害の「グレーゾーン」と言われた。就職活動をしないまま卒業。今は自宅でインターネットで収入を上げながら、学び舎に通う。

温かく聴こう――。これが学び舎のルールの一つ。雅人さんは学び舎で仲間たちと話を聴き合う中で、人の目を気にするのではなく、自分自身を見つめたいと思うようになった。「みんなの言葉に触れなければ変われなかった」

長年、自らの「聴く」姿勢を問い続けてきた有賀さん。聴き、聴かれる中で変化していった雅人さんに驚く。「人ってすごいし、聴くってすごい」

語り聴くことで見える社会の構造

その会では毎回、冒頭で「作法」が読み上げられる。

「生きづらさは自分に閉じ込めるべからず、開いて他者と共有すべし」

「他者の表出は丁寧に扱うべし」……

「生きづらさからの当事者研究会」。通称「づら研」と呼ばれるその会は、毎月1回、大阪市内で開かれる。6月のづら研でも、コーディネーター役の貴戸理恵さん(45)が6項目の作法を読み、約30人の参加者と確認した。

「生きづらさ」を語り聴くづら研は、2011年に始まった。大阪市でフリースクールや居場所を運営するNPO法人理事の山下耕平さん(50)と、居場所の参加者が立ち上げ、関西学院大学教授の貴戸さんが加わった。発達障害のある参加者も少なくない。「言われて傷つく言葉」「同調圧力について」など、毎回異なるテーマで語り合う。

この日のテーマは、「てきぱきできない問題」だった。

「女性は家事がてきぱきできて当然、という目が苦しい」

「生産性が求められる社会で、てきぱきのハードルがあまりに高い」

参加者の言葉が連鎖する。うなずきながら聴く女性もいれば、ある男性は「自分の場合は少し違う」と語り始めた。貴戸さんが白板に発言を書きとめ、司会の山下さんが「なるほど」とメモを取る。

個人化した「社会からの漏れ落ち」の痛み——。貴戸さんは、づら研についてまとめた著書の中で、現代社会の「生きづらさ」をそう定義した。

参加者の「てきぱきできなさ」で埋め尽くされた白板を見ながら，議論をまとめるコーディネーターの貴戸理恵さん．

1990年代以降、日本の産業構造は転換し、競争原理が強まった。学校を卒業し、新卒一括採用で企業に入ると安定した賃金と生活が保障されるという日本型モデルがやせ細っていった。不安定雇用層が増え、所得の少ない単身者が増加した。経済的困窮者やひきこもりの人、精神障害の当事者といった「ふつう」から漏れ落ちた多様な人たちは、競争ルールの前に、自分の身に起きている現状を「自己責任」として引き受けざるを得なくなっている。

いい学校を卒業し、いいところに就職し、結婚して子どもを学校に通わせるという「ふつう」の人はごく少数に過ぎない。それなのに、私たちは『「ふつう」であれ』というメッセージを、子どもの頃から家庭や学校で浴びせられ続けている。実際にはたくさんの人が「ふつう」から漏れ落ち、個々バラバラに、自己責任論の前に言葉を失っている、と貴戸さんは言う。

貴戸さんによれば、学校教育も漏れ落ちを生み出している。産業界の求めに応じ、学校現場では自らの考えを発表する指導が進む。自主性を育む面もあるが、発達障害がある子には苦しく、不登校のきっかけにもなり得る。

現代では家庭や学校、企業の機能が弱まり、本音を語り聴き合える場と時間がなくなっている。こうなったら、語り聴くことによって生きづらさの正体を探す枠組みを、自分たちの手でつくり直す必要がある――。それが、づら研に関わり始めた貴戸さんの問題意識だった。

この日の会も、いつものように休憩を挟んで4時間続いた。

づら研では、発言を比較することはないし、貴戸さんと山下さんが議論を方向づけることもない。「聴き方」を尋ねると、山下さんは言った。「自分の先入観で相手を決めつけないよう心がけている。虚心坦懐《たんかい》いうか…」。そんなづら研の場からは、「答え」や結論めいたものが生まれるわけではない。

午後5時前、まとめの時間になった。「思考にとらわれて考え込んでしまってできぱきできない」。会社で「一発で(仕事を)覚えろ」と言われて「つらかった」……。白板は参加者の言葉で埋め尽くされている。

貴戸さんは、自らの「てきぱきできなさ」について語った後、白板を見て言った。「ここで語られたそれぞれの『てきぱきできなさ』が、社会構造への抵抗そのものに思えます」

づら研の実践とは、『生きづらさ』を生み出す背景や構造はどうなっているかについて、問い続ける営み」だと、貴戸さんは言う。参加者から「参加しても何も変わらない」「役に立たない」と言われることもあるという。だが、自分と他者の生きづらさを照らし合わせてみることで、背後に横たわる社会構造の輪郭がぼんやりと見え始める——。それが、づら研だ。

2年ほど通っている大阪市の60代男性は言った。「づら研に来ると、自分自身を別の角度から見つめられる。すると、生きづらさの水の中から少し顔を出せる気がする」

「つながれなさを通じたつながりの中に、新たな連帯の芽を見いだしたい」。貴戸さんは最後にそう話した。

広がる〝場〟

長野市松代町の松代まち歩きセンター伝承館。発達障害がある人やその家族の語り聴く場、「いちごカフェまつしろ」は、ここで2カ月に1度開かれている。6月の会には市内外から16人が集まった。

「息子は待つことが苦手です。一緒に外出すると2人で疲弊してしまい…」。女性が、自閉スペクトラム症がある20代の息子との日々を話す。

「私も、自分の『ふつう』を息子に要求していたの」。長男の杏平さん(33)と毎回参加している加藤真澄さん(65)が語り始めた——。

杏平さんは学習障害と注意欠如・多動症の診断を受け、中学校でいじめに遭った。真澄さんは自分が正しいと信じる子育てを続け、杏平さんに無理に勉強させた。杏平さんが高校1年の頃、真澄さんは職場の人間関係のもつれからうつ病を発症、同時に自閉スペクトラム症の診断も出た。自分にも発達の特性があることを初めて知らされた。

振り返ると、真澄さんは保護者同士や職場の中で孤立しがちだった。社会には「空気」を読んで動く人がいるが、その「空気」が真澄さんにはよく分からない。そのことを人に理解してもらえない。

2017年4月、松代地区社会福祉協議会の職員だった北村玲子さん(53)が、当事者や支援者に声をかけて初めていちごカフェを開いた。集まった人たちは、価値観を押し付けようとはしなかった。

いちごカフェまつしろで，日常生活の困難について話す加藤杏平さん(右)．杏平さんの話を聴く母・真澄さん(右から2人目)，北村玲子さん(左奥)．

真澄さんは今、いちごカフェに通いつつ、講演会などで自分の経験を語り始めた。自閉スペクトラム症のため生きづらさを感じてきた一方で、「ふつう」に縛られて息子を苦しめてしまった自分――。真澄さんは言う。

「あなたの『ふつう』が他の人の『ふつう』と同じとは限らない。私は、それを社会に伝え続けたい」

この日の集まりで、自己紹介した後、黙って聴いている女性がいた。一人娘(5)に自閉スペクトラム症の特性がある希《のぞ》美《み》さん(39、仮名)。この日が初参加だ。

希美さんは特性がある娘に悩んできた。真冬に娘が公園の水たまりではしゃぎ、周りにいた親子連れの顰蹙《ひんしゅく》を買ってしまう。そんな時、娘をつい叱ってしまう。

だが、いちごカフェの参加者たちは、それぞれ特性を抱えつつも工夫して生きている。話を聴いていて希美さんは、自身が思い描く「ふつう」を娘に押しつけている自分に気付き、考え込んだ。

黙っている希美さんに、司会の北村さんが言った。

「誰もいない暗闇で、息子と2人だけでボートに乗って波風に揺られている感じ。希美さん、私もさみしかったよ」

北村さんは事前に希美さんと話した際に、注意欠如・多動症の次男(20)と希美さんの娘が、似た幼少期を過ごしていると感じ、そう言葉をかけた。

その日、希美さんが帰宅して夕飯を食べた後のことだ。食器を洗っていると、「私もさみしかったよ」という北村さんの言葉が思い出された。ふいに思った。「私もつらい時には誰かに語っていいんだ。私、つらかったんだ……」。涙が止めどなくあふれてきた。

希美さんはいちごカフェに来て、自分の中に「ふつう」があること、そして「語りたい」という気持ちがあることに気付いた。

松代地区社協は2015・16年度に発達障害を知る講座を4回開いた。北村さんは毎回、保護者が講師を囲んで堰を切ったように話す様子を見て、語り聴く場の必要性を感じた。17年にいちごカフェを始め、社協を退職した後も個人で会を開き続けている。

語り聴いても、一人一人の生きづらさの解決策は見当たらないかもしれない。だからこそ生きづらさを共有する場が大切だと考えている。今、発達障害の当事者会を開きたいという人の相談も受けている。

北村さんは、この日の会をこう言って締めくくった。

「話したくなったらいつでも来てください。私はずっとここで、いちごカフェをやってますから」

（2023年6月21〜26日）

読者の声から見える社会

連載中には、読者からたくさんの反響が届いた。メールや手紙、ファックスで寄せられたものは300通を超える。

取材班を驚かせたのは、その一つ一つのメッセージの長さだ。多くは学校や職場で苦しんだ自身のこと、子どものこと、家族を巡ることが、あふれる気持ちとともにつづられていた。発達障害を超えて、身体障害がある子やダウン症児の保護者からも、学校制度や社会との関わりを考えさせる言葉があった。難病を抱える人がパソコンで原稿用紙に10枚近く打ったものも届いた。

保育、教育、福祉の現場にいる人、保護者、当事者、健常者……。ここでは、寄せられたさまざまな読者の言葉をつなぎ、発達障害を切り口にして見えてくる社会の姿を改めて考えていく。

1　早期発見・支援のシステムを巡って

連載では、子どもの発達の特性が乳幼児健診から見極められている現場をルポした。特性がある子は早期に特性を見つけ、その子に合った学びの場を選び、適切な支援につなげることが重要だとされる。早期発見・支援が法的に打ち出されたのは2005年施行の発達障害者支援法だった。それ以前に子育てをした読者からは、「もっと早くに支援制度があれば…」という苦しい思いがにじむメッセージが寄せられた。当事者からも、支援を受けられなかったがゆえに、無理をしてつらい経験を重ねたことがうかがえる投書が届いた。

●「絶望しかなかった」子育て

私の息子は38歳で、広汎性発達障害（自閉スペクトラム症）です。二次障害として社会恐怖症とうつ病と診断されています。幼少期に多少の育てにくさはありましたが、利発で幼稚園でも人気者でした。しかし、小学校に入学し激変してしまいました。

教室を飛び出し、団体行動が苦手で登校をしぶりました。「ふつう」ではない行動に驚き、先生に相談しました。すると、入学前の幼稚園との連絡会で、息子が注意すべき子だと伝えられていたことが分かりました。

なぜ、もっと早くはっきり言ってくれなかったのか。息子の特性を理解していたら、小学校入学前に必要な配慮をお願いできていたのに――と悔やみました。

長野市の教育センターや医療機関に相談したり、不登校に関する講演会などに出席したり、必死になりました。どう子育てしたらいいのか具体的に聞きたかったのですが、答えは得られませんでした。

息子の問題行動のために、学校や近所からバッシングも受けました。「この子を守らなくては」という一心で苦しかった。そして、私は「ふつう」のお母さんになりたかった。

息子が21歳の頃、発達障害の診断を受けました。当時の新聞に、問題行動や生きづらさの原因は性格ではなく、発達障害の可能性があるという趣旨の記事が掲載され、記事に出ていた専門家がいる県外の医療機関に行きました。

それまで、子育ての失敗だ、性格のせいだと言われ、絶望しかなかった私たちは、診断が出てうれしかった。息子に「あなたの性格のせいではないよ。自分を責めないで」と泣きながら言ったのを覚えています。

早めに気付いていれば、もっと違ったのにという後悔は今もあります。親や周囲が早めに気付いて障害を受け入れ、対応することが本人にとっても大切だと思います。（長野市・60代女性）

●「気違い」と言われ続け

私は、60歳のアスペルガー症候群（自閉スペクトラム症）の女性です。幼い頃からお絵描きができず、「皆と異なる」と感じていました。小学校は地獄のようでした。言語障害もあり友達ができず、担任の先生から「気違い」と言われてしまいました。

中学校でも相手の心を大切にする余裕など生まれず、傷つけてしまい、ひどく仕返しをされました。学習障害もあって数学は常に「2」でした。高校に入学できましたが、3カ月間登校拒否。その間、非行にも走りました。男性に誘われるままについていき、不適切な性的関係を持ってしまいました。「男性なら会話は要らなくてすごく楽」と思いました。

何とか高校を卒業し就職しましたが、就職先で「気違いだな」と言われました。仕事は長くて3年、短いと1日で辞め、転々としました。どこに行っても苦しかったです。

今思えば、早く精神科を受診すればよかったです。養護学校(特別支援学校)へ行き、仕事は障害者の作業所に入るのがふさわしかったと思います。昔と違って今はきめ細やかな対応があって、なんて心強い時代だろう!! と感じます。もっと早く、人生の最初から発達障害を認めて、苦しくて仕方ない、人と同じことができない、分からない世界でもがく苦労を味わわないで済ませたかったとつくづく思う次第です。(匿名希望)

一方、そうした「早期発見」のシステムが、まるで子どもを「ふるいにかけて選別している」ように感じ、強い違和感を抱いたという保護者もいる。

●「異常を見つける」視線に違和感

現在小学生の息子は、1歳半児健診で手を振る「バイバイ」ができず、絵を指さす課題で分かったものが基準の数以下でした。別の日に発達検査を受けるように言われ、その後、児童発達支援事業所を紹介されました。

事業所を見学し、通所手続きに入ると、説明書類の中に障害者手帳の取得について紹介する記述を見つけました。発達障害の判定もされていないのに、保健師さんの判断でいきなり障害者手帳の話が出てくる施設を説明もなく紹介されたことに、驚きしかありませんでした。

息子は3歳の頃、自閉スペクトラム症の診断を受けました。小学校入学前、就学相談会に出るよう保育園から案内があり、息子の特性を学校に伝えようと思って出席しました。ところが、「相談会」なのに知能検査をしたり、平均台を歩かせて運動機能を見たり。子どもが通常学級でやっていけるかを、ふるいにかけて選別しているように感じました。

　私は「みんなとどう学校生活を送っていけばいいか相談しに来たのに、内容が違う」と言い、先に帰りました。息子は今、通常学級でみんなと過ごしています。

　本来の乳幼児健診は、保健師さんと保護者が和やかに相談する場所であってほしいと願います。特に、育児が初めてでささいなことで不安になる保護者に「異常を見つける」視線と言葉をかけたら、保護者は受け入れられず、かえって心を閉ざしてしまうと思います。

　発達障害といっても、さまざまで、必要な支援も同じということはないと思います。通常学級と特別支援学級に分けるのではなく、ごく少人数のクラスにして、さまざまな子が同じ空間で助け合いながら学ぶことで、社会に出てからもお互いに助け合えるような社会になってほしいです。（長野県東部・40歳女性）

　ある女性は、友人から子どもが自閉症であることを打ち明けられて、ドキリとした経験を寄せた。友人の話からは、母親であるがゆえに、わが子の「障害」を指摘されて背負わされるものの重さがよく伝わってくる。

●打ち明けられて心がズンと重く

「社会の迷惑になる子どもを産んでしまった」。昨年、友人から言われたことが忘れられない。

　友人宅では、5〜6歳の男の子が走り回ったり、高いところに登ったりしていた。私の姿も母親の姿も、彼の目には入っていないようだ。「この子ね、自閉症なんだ」。友人が言う。私は発達障害のことをなんとなく知っていたので、「そうだったんだね」と返した。そして友人は、冒頭の言葉を口にした。

　私は「そんなことないよ、大丈夫だよ。その子に合う道がきっとあるはずだよ」と言った。当時、私は子育ての経験もなかったし、専門知識もない。行政や社会がどこまで手助けをしてくれるのかも分からない。精いっぱいの励ましは、自分でもむなしく思えた。

　友人は苦労を語った。見た目では障害が分からず、外出先で知らない人に嫌みを言われたり、けげんな顔で見られたりする。目を離した隙に姿が見えなくなり自宅周辺を探し回ったことが何度もある…。「この子が社会に出て、自活する姿を想像できない」

私の心は、ズンと重くなった。障害と向き合う命と向き合う。友人はどんな思いで私に打ち明けてくれたのだろう。今、母になり子育てを始めた私は、あの日友人と交わした会話を思い出す。(長野県北部・30代女性)

幼稚園教諭からは、できるだけ丁寧に一人一人の就学時の学びの場を選び、小学校に引き継いでいる様子をつづった投書が届いた。

●卒園児のこと気がかり

私は長野市内の幼稚園で年長児の担任をしています。連載を読み、支援級がいいと思う母の気持ちを共有させられました。

私のクラスのあるお子さんが、保護者と何度も相談の上、専門家の意見も踏まえて4月から小学校の通常学級に進学します。幼稚園では「インクルーシブ保育」をしているので、周りの子がこの子を大切に受け入れている様子があり、本人も毎日を楽しんでいます。

この子の支援について、小学校と支援会議を重ねました。集団の中で浮いてしまうことが多いので通常学級で大丈夫かなと心配ですが、インクルーシブな配慮を引き継いでくださると信じ、私たちは背中を押すしかありません。

各小学校は来入学児の様子を引き継ぐため幼稚園・保育園と連絡会を開きますが、ここ数年、コロナのせいで開かない学校があります。子どもの様子を記した来入学児カードの提出だけでは不十分だと思ったので、学校に出向いて引き継ぎをさせてもらいました。3月末には指導要録も提出します。

幼稚園はしっかり一人一人の様子を学校に引き継ぎますが、昨年度に小学校へ送った卒園児がどうしているかは、なかなか知ることができません。卒園児の保護者に「お子さんは困り事がなく学校に通っていますか?」と、私から連絡を取っています。

連載では当事者の切ない思いが伝わり、読むたびに胸が痛みます。学校は教科書の学習が全てではないこと、担任をはじめ学校全体で一人一人を理解していただけることを強く望みます。そして、子どもたちが自分らしさを失わずに学びの場に通えることを願います。

取材の中で、子どもが無理なことを強いられたり、やる気がないと叱られたり、ふつうに押しつぶされたりしない明るい話はありますか？　いいクラスづくり、学校づくりをしているところもありますか？切ない思いをしている方に、明るい兆しが少しでも届けばうれしいです。（長野市・幼稚園教諭・女性）

連載では放課後等デイサービスでの虐待や不正についても取り上げたが、放課後デイに勤務している読者からは、現場では子どもとの関わりについて専門性が不足しているとの指摘があった。

●信頼されなければ支援はできない

私は大学で特別支援教育を学び、卒業後の約30年間、県内外の学校で特別支援教育に関わってきました。現在は、放課後等デイサービスでパート勤務をしています。

他県での経験ですが、勤務したある放課後デイは、幹部の意見だけで運営され、スタッフは萎縮していました。子どもたちは、作業学習の課題をひたすらやらされていました。別の事業所ではいじめが横行し、声の大きい、力の強い子がわが物顔に振る舞っていました。標的になった弱い子をかばうのが精いっぱいでしたが、結局その子は退所しました。

放課後デイの大きな問題は、スタッフの専門性のなさだと思います。子どもの発達や支援の仕方を知らない人がいます。発達段階を無視し、苦手な勉強をやらせようとする状況などにげんなりします。子どもへのボディータッチに無自覚なスタッフには、怒りさえ覚えました。

子どもは正直で、不快にさせない、楽しく遊んでくれるスタッフを好みます。スタッフから受けた嫌な記憶はずっと忘れません。一瞬一瞬が真剣勝負です。子どもから信頼されない限り、必要な支援はできません。そして、信頼を得ることはとても難しく、失うことは簡単だということを痛感しています。

放課後デイの役割は、学校で頑張ってきた子どもたちが、ほっとくつろげる場所であることだと思い

ます。（長野県内・60代女性）

2　学校教育とインクルーシブ教育システムを巡って

連載が始まると、「先生から心ない言葉を受けた」「子も親も大変な傷を負った」といった保護者の声が多数届いた。発達障害から話は広がり、6人もの不登校児を出した教師がそのまま教師を続けていること、教師が学級で特定の子を馬鹿にする言動をしている話など、教育現場のさまざまな事例が寄せられた。

ある不登校の保護者の会の主催者からは、「理不尽な先生の話は多々ある。担任の当たり外れは仕方ないことなのか？」という投書が届いた。第3章の末尾で高いスキルを持つ大町市大町南小学校の天野先生を紹介したが、「インクルーシブ教育」の制度上の問題を挙げる以前に、教員も人である以上は、子どもの気持ちへの感度、経験や知識が同じということはない。一度だけの学校生活で先生の「当たり外れ」がある現実は、本人にも保護者にも納得し難いものがあることは理解できる。

次の投稿はある保護者からのメール。子どもの成長の節目で味わった学校の冷やかな対応とともに、子どもに対する自身の接し方を反省を込めて振り返っている。当事者にとって友達がいることの大切さも教えてくれたメッセージだった。

●モンスターと思われただけだったのか…

息子は小学6年生の2学期から学校に行けなくなりました。初めは父である私も学校に行くことがふつうだからと、学校に行かない息子を叱っていました。不登校の子を持つ先輩保護者らの話を聞き、つらいのは自分より息子だと感じて態度を変えました。不登校になったきっかけは心当たりがないわけではないですが、学校で何があり、息子が何をされたのか、具体的なことは分からないままです。

小学校の卒業式後、小学校で支援会議が開かれ、6人ほどの小学校と中学校の教員を前に私と妻は肩身の狭い思いで出席しました。中学校から参加した先生は、中学校に入学後に個別に対応してくれる先生だと紹介されました。しかし、実際に息子が進学すると、その先生は転勤でいませんでした。あの会議の段階で、先生の異動は決まっていなかったのでしょうか。不信感が募りました。

結局、中学校も息子は不登校でした。学校は出席が大事だと言うし、親は何とか学校に連れて行こうとする。しかし、それは大人のふつうが優先され、子どもが取り残されていたのではないかと反省します。「ふつう」とは、「こうあるべき」にも似ています。親、教師、学校の「こうあるべき」が息子を追い詰めたのだと思います。

親が学校に何か意見を言うと「モンスターペアレント」と思われるのではないかと思い、言いにくい。それでも私は息子の中学卒業時に、これまでの学校の対応と親の私の駄目な行動を一緒に振り返りませんか、と学校にメールしました。息子のケースを、今後の不登校やひきこもりの対策に生かしてほしいと思ったからです。しかし、学校からは「お父さんの気持ちは教員で共有しました」という返信があっただけでした。やっぱりモンスターと思われたのかなあと思いました。

今月、息子は成人式を迎えました。式には出られませんでしたが、不登校になる前の同級生と焼き肉を食べに行ったようです。友達はかけがえのないものだと、改めて思いました。（安曇野市・50代男性）

次のメッセージは、ダウン症の次男について、学校では誰かの手助けがあれば「できる」ことが、学校からすると「一人でできないこと」に数え上げられてしまうという内容。第3章で描いた事例と同様に、地域の学校には、個別の配慮を必要とする子は特別支援学校に行ってもらいたいという「本音」が見え隠れする。

●家族は相談過程で追い詰められる

小学校高学年の長男は、発達障害の診断はありませんが学校の型にはまりにくい子です。ダウン症がある次男は今春、地域の小学校に入学しました。次男について、連載第3部(第3章)に書いてあったことをリアルタイムで体験しました。

私たち両親は、(次男の就学先について)最初から長男の通う小学校を希望していました。でも当初、「特別支援学校」の判定を受け、その場で地域の小学校への希望を再度伝えました。「何のための判定なのか」と疑問を持ちました。判定を含む相談過程の中で、家族は傷つき精神的に追い詰められていきます。

その関門を乗り越えても、学校との打ち合わせでまた傷つきます。靴は1人で履けるか、教室へ1人で行けるか…。親にとっては手助けがあれば「できる」ことが、学校では「できない」こととされる。私たちは毎回、学校に闘いに行っています。

親と学校側との心の通った話し合いというよりは、後で問題にならないように保身のために確認している、という雰囲気を強く感じます。先生は余裕のない状況で、手のかかる子は支援学校に行ってほしいのが本音なのでしょう。

枠にはまらない子どもを排除するのではなく、いろいろな子が通いやすい学校になるためにどうすればいいか、学校側にも前向きに考えてほしい。違ったタイプのでこぼこがある兄弟を通して学校を見てきて、インクルーシブ教育は、既存の教育とは全く違った新しい学校像がないと実現できないと日々思います。そのためには先生たちのアイデアが重要なはず。闘うのではなくて、協力していくのが理想です。(長野県内・40代女性)

子どもの育ちのために学校と協力し合う関係が必要だと思いながら、子どもを分けようとする学校の姿勢と闘わざるを得ない保護者の心情が浮かぶ。現代社会では、なぜ子どもを分けなければ学校(通常学級)が立ち行かないのか、なぜ分けなければ特性がある子の支援ができないのか、立ち止まって考える必要があるだろう。

他方で、「記事にあるようなひどい先生ばかりではない」という声も寄せられた。ある教員からは、保護者の希望で子どもが「通常級に押し込められ、そこで暴れまわり、級友や担任に暴言暴力を浴びせている現実がそこら中にあるのを知っていますか?」という怒気を込めたメールが届いた。別の、教員と思われる読者からは「学校を露骨に批判する意図が透けて見える偏った報道姿勢」と、強い批判のメールも届いた。

保護者が「教員バッシング」をしていると身構える学校や教員。一方で、保護者には「学校に何か言えばモンスターペアレントと見られる」という不信感がある。ここにはとても深い溝がある。

もちろん、障害や特性があるすべての子が学校に苦しめられているわけではない。学校とうまくコミュニケーションが取れているという保護者もいた。

●先生たちはよく見てくれている

わが家の息子(現在11歳)も川島さん(第3章参照)のお子さんと同じようでしたが、今、市立の小学校の支援学級を使いながら、普通学級にいる時もあります。

入学の時には夫婦で小諸養護学校にも見学に行きました。小学校で話を聞いた時、やはり「ご期待にお応えするのはちょっと難しい」と言われて悩みましたが、「家でも協力するのでお願いします」と言って小学校に通うことにしました。

心の内ではあまり期待はしなかったのですが、普通学級にいる時は補助員の方がついてくれたり、支援学級では先生がいろいろ工夫してくださったりし、思っていた以上によく見てくれました。

今では普通学級の子もわが子を「特性のある子」とみてくれ、それなりに仲良くさせてもらっています。養護学校はとてもよくみていただけると思いますが、小学校の支援学級、普通学級の先生も、この5年間かなりよく見ていただいています。わが子が通っている市立小学校の先生たちはとてもがんばっています。(佐久市・40代女性)

学校の相談支援員と対話の糸口を見つけた人もいた。

●寄り添ってくれる人はどこかにいる

自閉スペクトラム症の息子は、小学4年の3学期からずっと不登校でした。現在は通信制高校の1年生です。当時、私はどうしたらいいか分からず右往左往するばかりで、息子の気持ちを理解していませんでした。家族全体が暗く、つらかった。連載に登場した翼さんや真里菜さん(共に仮名、第1章参照)親子の姿と自分が重なり、涙が出ました。

小中学校では、教師や医師、市の担当者が集まり何度も支援会議をしました。でも、子どもや家庭の状況を情報共有するだけで実効性がありませんでした。

中1の秋、塩尻市の子と親の心の支援員の先生に出会って状況が激変しました。先生は「今のままでいいんだよ」と息子に声をかけ続けてくれ、親が頑張ってきたことを認めてくれました。そして息子は最近、不登校のきっかけをやっと話したのです。クラスメートに対する教師の暴言や暴力的な指導が許せなかったけれど何も言えなかったことや、友達の心無い言葉などが原因でした。

先日、夫婦で長野県は未成年の自殺死亡率が高いのはなぜだろうと話していた時、息子が「教育が駄目なんだ」と言いました。長野県の学校は子どもを型にはめ、「こうしなきゃいけない」ということが多すぎると思います。学校や家庭でみんなと同じ、ふつうを強要され、自信と存在意義を失い、死を考えるほど傷ついた子どもが回復するには、長い時間がかかります。

今つらくて死にたいと思っている人は、諦めないでほしい。理解されない、窮屈な中でも、寄り添ってくれる人がきっといます。（塩尻市・44歳女性）

特別支援学級や通級指導教室の先生、支援員の先生でもいい。一人でも気持ちを訴えた時に聴いてもらえる人がいれば、その子にとって学校の居心地は変わってくるのだろう。そこから扉が開け、学校やその先の社会との関係を結び直すきっかけが生まれるかもしれない。

一方で、先生の立場からは、日々の生徒との関わりに悩み、自問する文章が寄せられた。

●できることを精いっぱいやるしか

中学校で特別支援教育コーディネーターを務めています。連載を読みながら、胸が詰まり涙が出ました。私は、障害がある子たちに関わる者として一番の理解者でありたいと思い、理解者を一人でも増やそうとやってきたつもりでした。ですが、本当に最善だったのか、連載を読んで自問しています。

私は、まず子どもの話を聞き、保護者とたくさん話をして一緒に考えることを大切にしています。しかし、この先の良い支援、良い見通しが持てないまま中学を卒業した子もいます。「一人じゃないよ」「私はあなたの応援団長だよ」と伝えていますが、子どもから「何が分かるの？　分かったつもりでいないでよ」と逆に言われたこともあります。何が良い関わり方なのか、その時にできることを精いっぱいやるしかないと思っています。

発達障害という言葉はだいぶ浸透しましたが、理解や対応の広がりは不十分です。特別支援について、周りの先生たちにどうしたら理解してもらえるのか、悩ましい部分もあります。（長野県東部・中学校教諭・55歳女性）

特別支援学級の現場にいながら、支援級がどんどん増えていく現状は「緩やかな排除なのではないか」という率直な思いをつづったメールも寄せられた。

●支援級を増やすことが正しいのか

私は教諭として15年ほど特別支援学校や小学校に勤めた後、一度退職して15年間、居宅支援や放課後等デイサービスなどの福祉分野で働きました。2022年度から講師として小学校に戻り、特別支援学級の担任をしています。連載を読み、私が現場でできることは何だろうかと、毎日心を揺さぶられています。チームで支援すること、子どもの思いを知ろうとすることを心がけていますが、「言うはやすし」です。

福祉分野では、障害のある人が周りに合わせることはなく、支援者の私もマイノリティーを意識したことはありませんでした。しかし、小学校では通常学級の教師ではないことで、主流とは違う存在であると突き付けられます。通常学級の日程や進度に支援級の子が付いていくのは大変。ものすごい速さで車が流れる高速道路に、合流するタイミングを計っているような感覚です。

学校では、多様性を認める動きの広がりを感じる一方で、支援級の増加に表れているように、障害がある子の「緩やかな排除」が同時に進んでいるように思います。ただ、支援級を増やして支援することが悪いことなのか、悩んでいます。

「障害がある子が集団の中にいられるように」「静かに待っていられるように」…。こうした考え方は福祉の世界でもみられます。でも、障害のある子は管理され、訓練されるべき存在なのか。「〇〇させなくちゃ」という職員の意識が、虐待や二次障害につながるのではないでしょうか。学校でも、教師が「できるようにしなくちゃ」と思うほど、子どもの姿が見えなくなり、子どもの思いとかけ離れていくように思います。

コロナ下ということもあり、先生たちは自分の仕事で精いっぱい。雑談の時間もなく、以前より息苦しく感じます。でも先生たちはとても一生懸命で、考え方も柔軟で合理的です。先生たちがもっとゆとりを持って実践を積み重ねられたら、子どもたちの生きやすい未来をつくっていけると思います。（長野県東部・53歳女性）

ある自閉スペクトラム症の娘の母親はこんなメッセージを寄せた。

●30人規模学級は限界

1人の教師で30人規模の子どもたちを指導する学校教育には限界を感じます。今の学校教育は、個性をつぶして十把ひとからげになっていると思います。少人数の学校教育を実現し、ふつうを求めるのではなく、さまざまな選択肢を与え、未来ある子どもたちを育てていってほしいです。（長野市・40代女性）

通常学級は集団による一斉授業が基本で、学ぶ内容が増えている現在の学習指導要領に沿って、教師は学年ごとに細かく分けられた単元を教えていかなくてはならない。学校が一人一人の子の学ぶペースに合わせられず、「個別の配慮はできない」とするのは、通常学級を中心とする学校の仕組みに根本的な原因があるのではないか。

インクルーシブ教育とその先の社会との連続性を考える上で、次の重度身体障害者の娘を持つ女性の言葉は力強い。

●弱者が排除される社会は危険

私の娘(36)は重度の身体障害者です。娘を育てる中で、今の社会には何かが欠けていると感じるようになりました。人間はお互いに助け合っていくことが大切だと思います。強い者が弱い者を助けるという当たり前のことが欠けていて、自分さえ良ければいいという身勝手な人が増えているように感じます。

このままでは相手を思いやる心、命を大切にすることがなおざりにされてしまうように思います。障害の重い子は、生きるためにみんなに助けてもらわなければなりません。だから、人間が生きていくために、助け合うことの大切さを学ぶ教育が必要だと考えています。

人間は誰でも少なからず、弱い部分があります。互いに思いやる心を育むために、障害の有無にかかわらず共に学ぶインクルーシブ教育の理念が大切になると思います。自分さえ良ければいいと考えてしまう背景には、障害者を分離してきた学校教育の問題があるように思います。

特別支援学校や特別支援学級に分けることで、障害のある子どもたちを知らない、どう接していいか分からない人たちが育ってしまう。さまざまな特性や障害がある人たちに対応できない社会になるのも当然です。インクルーシブ教育への理解をもっと広げて、学校教育の中で実現していってほしいです。

弱者が排除される社会は大変危険だと思います。弱い立場の人たちが、安心して生活できる社会になってほしいです。(伊那市・71歳女性)

3 自立や生活を巡って

第1章の記事の掲載後、ある保護者からこんな投書が来た。

●息子の姿重ね、胸をえぐられる思い

わが家にも自閉スペクトラム症の息子(23)がおり、何度も苦しいことを経験してきたので、胸をえぐられるような思いで連載を読みました。

息子は今、就労継続支援B型事業所に通っていますが、過去のトラブルなどの記憶がフラッシュバックし、先日も家でパニックを起こしてしまいました。パニックの時には泣き叫ぶ、自分の頭をたたくといった行動をします。事業所には午前中の短時間しかいることができません。知的な認知度は高い方ですが、同じことを長時間するのは難しく、また、一人で過ごすこともできないので、他の利用者ともトラブルを起こしてしまいます。

その日の作業を終えると、家族や私が車で迎えに行きます。その後はだいたい家でゲーム。しかし、

新しいゲームを買っても1週間くらいで飽きてしまいます。

私はシングルで、息子と実家で暮らしていますが、家に誰もいないと不安になってしまうため息子を一人にすることはできません。正規雇用の仕事をすることができず、息子が寝ている早朝にアルバイトをしています。

連載に登場する桐生青空《そら》さんは、現在職場に受け入れられ、働けていてうらやましく思いました。息子は料理もしないし、身の回りの片付けができず、この先、グループホームで共同生活することは難しいでしょう。連載にもありましたが、「親亡き後」がとても不安です。(長野市・50代女性)

特性があり心に「傷」を負ってしまった人で、仲間とグループホームで生活することが難しいケースがある。この保護者は、第1章の優大さん(仮名)のケースと同様に、自身が高齢化した時に子どもが生活をどう組み立てればいいのかという不安をつづった。こうした保護者の声は多く、切実だ。特に身の回りのことが自分でできない当事者の場合には、課題はとても大きい。次のメールからも親としての気持ちが切々と迫ってきた。

●親は子どもの一番のファンでありたい

わが家にも生きづらさを抱えた長女(33)がいます。幼稚園の登園をしぶり、小学校は1年間、中学校は入学式の1日だけ登校しましたが、後は行けませんでした。

娘の存在を忘れたのか、中学の担任は、1学期の通知表などを夏休みの終わりごろになって私の職場に届けに来ました。教頭に、「目に余る」と怒りました。すると不登校について学んだ先生が週1回、訪問してくれるようになりました。娘は先生との会話を楽しみ、定時制高校の受験を決意。この先生にはお世話になりました。

娘は定時制高校に真面目に通いました。通信制でオンライン授業だけの大学に行き、卒業しました。

でも、仕事は難しかった。最初のアルバイトは「店長が怖すぎる」と言って続きませんでした。その後のアルバイトも休みがち。1年以上頑張りましたが退職しました。今は自宅でインターネット関係のアルバイトをしています。

身近に、若くして自死した人を知っています。「いつか、うちの子も突然亡くなってしまうのでは」と恐れてきました。でも、死ぬことはない。楽しいことを続けて、彼女らしく生きてほしいと切に願います。親は子どもの一番のファンでありたい。

夫とは、私たちがいなくなっても、彼女が困らないようにしたいと話をしています。

完全な人間などいなくて、みんなどこか発達障害なのだと思います。いろいろな人がいて、いろいろなことを乗り越えて、みんなで暮らす社会なのだと思っています。（長野市・65歳女性）

次の手紙は、知的障害の療育手帳を持つ20歳を過ぎた女性の母親からのものだ。

●相談窓口で返ってきた冷たい質問

娘は昨年勤務先を突然解雇され、現在ハローワークに通っています。折り込みチラシに掲載されていた求人で、娘に適しているのではないかと思う仕事があったため相談を持ちかけました。同じ作業の連続は娘の強みであるとアピールしたところ、（ハローワークの職員から）冷たい質問が返ってきました。

「正確にできますか？」

「速さも求められます。小さな会社さんなので早く正確に仕事をしてもらえる人材を求めていると思います」

「同じ時給を払うのであれば、仕事ができる方を雇った方が会社にはメリットですよね」

もやもやしながらも、言われたことに間違いはないため「そうですね、分かりました」と返答するしかありませんでした。障がいのある娘と知ったうえでの職業相談窓口であったはずなのに、この女性からは「生産性の低い人」＝「お荷物」と言われているように感じられ、何のためにハローワークに通っているのか分からなくなってしまいました。

現在、主人も私も健康で働いているため娘を守り、人並みの生活をすることができていると思っています。しかし、いつしか娘を残して死を迎える日がくるでしょう。福祉のお世話になることも手段ではありますが、私達がいなくなったら娘は人間らしい生活を送ることができるのだろうかと不安でたまりません。

とんでもないひどい親と言われそうですが、できることなら娘と共に人生の最期を迎えたいと思ってしまいます。

法律や制度がつくられ、誰もが暮らしやすい社会・環境づくりと言われていますが、人間の心を法や制度・設備で変えていくのは無理ですよね。

娘の明るい未来・人生を願うばかりです。（長野県内・女性）

障害者雇用は法律で促進されている。それなのにハローワークの相談窓口が、娘の将来を思い少しでも働けないかと願う保護者を、冷たい言葉で門前払いする現実がある。この担当者は、当事者が仮に就職した後に苦しむことがないように、良かれと思って労働市場の「ふつう」を伝えただけなのかもしれない。実際、担当者が言ったことは労働市場の「ふつう」なのだろう。しかし、それを冷たく伝えるだけでは、当事者も家族も立ちすくむことしかできない。

支援制度や法律がどんなに手厚くなっても、それだけでは「誰一人取り残されない社会」などというのは画餅に過ぎないことを、教えてくれる手紙だった。


発達障害は外見では分かりにくい。一緒に過ごしたり働いたりしてみると特性のせいでコミュニケーションが周囲とうまくいかないことが顕在化し、当事者だけでなく周りの人も困ることがある。そんな訴えを寄せる投書も何通か届いた。

●周りが精神的にも肉体的にもボロボロに

職場の女性は、何度教えても仕事が覚えられません。更に「知らない、そんなの聞いてない」と大声で怒鳴り、物を投げつけます。ミスや遅れた仕事のフォローはこちらでしているのに、謝罪も感謝もありません。

「口頭でお願いするのと、メモを渡すのと、どちらの方がいいですか?」と聞いても、「は？　別に何でもできますけど」と高圧的な態度をとります。彼女の社会性を育てるために、私が精神的にも肉体的にもボロボロにならないといけないのですか？

私は自閉スペクトラム症（ＡＳＤ）と学習障害（ＬＤ）、知的障害を持った当事者です。幼い時からずっとこの障害に苦しめられてきましたし、多くの人に手助けをしていただきました。

小中学校では特別支援学級に通いました。勉強が人よりできないため、いじめられました。中学の時は自殺も考えました。高校は農業高校に進学しました。高校でも苦手なことがありましたが、担任の先生が熱血教師で、部活の顧問の先生も熱心だったため楽しく過ごせました。

高校卒業後は職を転々としました。職場で「おまえのどこが障害者だ？　障害者手帳を返上するつもりで働け」と言われたりしました。いろいろあって体調を崩し、今は週１回精神科に通院しながら作業所（就労継続支援Ｂ型事業所）に通っています。

作業所では職員さんや仲間が優しくていいのですが、時々具合が悪くなって休みたい気持ちになることがあります。収入は障害者年金と工賃です。自閉スペクトラム症のため社会生活の中で嫌なことがあると、そのことを何回も思い出してしまい、精神的に苦しくなる時があります。今は、生きたくても生きられない人もいるのだから、と自分に言い聞かせています。

私は支援センターの職員でもないし、ボランティアでもありません。

自分にはこういう特性がある、という認識を持ち、事前に相手に伝えれば、本人も周囲の人間も関係を築きやすくなるのではないでしょうか。しかし、彼女にはそれがありません。（長野市・30代女性）

他にも、自分の特性に気付かず医療にかかろうとしない人が職場にいて、自分の方が疲弊して療養休暇を取った末に退職したという読者からもメールが届いた。

仕事の内容や繁忙さ、人手の余裕があるかどうかなど職場の環境は多様で、解決策は一様ではないだろう。ただ、第６章の末尾で紹介したＪＲ長野鉄道サービスの滝沢春美さんの例のように、現場の訴えを職場の責任者がきちんと受け止め、率先して行動することによって状況を改善できる場合がある。

最後に、当事者から寄せられたメッセージを紹介する。

●思い出して苦しくなることも

きられなかった人たちのことを思い、飲んでいる薬が効いているせいか、自殺せずに済んでいます。

43歳独身、恋人なし、無職の私ですが、精いっぱい生きています。（長野市・男性）

あとがき

日本の社会では、人が学んだ履歴(=学歴)が採用・人事で重要な指標となっている。義務教育—高等教育は、企業に就職して仕事をやり遂げ、結婚して子どもを産み育てながら納税するという、いわゆる「ふつう」の人の育成に大きな役割を果たしている。

近年、学校制度の外側にあるフリースクールで学んだことが、学校の単位に認定されるようになりつつある。だが学校教育は、通常学級を中心として「ふつう」の国民を再生産する機能を厳然と担っている。連載「ふつうって何ですか?——発達障害と社会」の取材を通じて強く感じたのは、日本の「インクルーシブ教育」とは、「ふつう」の側のための社会秩序を維持する装置なのではないか、ということだ。

教育と社会の仕組みの背後で、多くの保護者はわが子に「ふつう」に育ってほしいと心のどこかで思っている。教育・福祉に携わる大人たちも、子どもが社会に出て「困らないように」、あるいは「社会に役立つ人になるように」指導する。すべての教育関係者や保護者が「ふつう」にとらわれているとは言わないが、私自身を含め、大なり小なり心のどこかに「ふつう」は巣くっている。それが時に顔を出し、良かれと思って人を矯正しようとしてしまう。

その矯正する力に従えない人は次第に分離され、関西学院大学教授の貴戸理恵さんが言うように、一人、個別化されて社会から漏れ落ちていく。漏れ落ちないでいる人も「ふつう」に耐えながら、漏れ落ちないように「ふつう」にしがみつく。これが、この社会の「生きづらさ」の根源そのものではないだろうか。

安倍晋三政権の頃から、教育は「最重要課題」に挙げられ、官邸主導による上からの教育改革が強く叫ばれるようになった。第1次安倍政権の２００８年、政府の教育再生会議の提言は、それまでの「ゆとり教育」からの転換を促し、授業時間数の増加を訴えた。転換の理由として、このままでは「日本はこの厳しい国際競争から取り残される」という危機感が強調されている。

岸田文雄政権では、首相が議長を務める「教育未来創造会議」が設けられている。ここには企業経営者や大学教授が加わり、グローバル化やデジタル化の進展を踏まえ、求められる「人材像」とそのための施策を議論している。この会議が22年5月にまとめた第一次提言では、「未来を支える人材像」の項目に次のように書かれている。

「予測不可能な時代な《ママ》中で、好きなことを追究して高い専門性や技術力を身に付け、自分自身で課題を設定して、考えを深く掘り下げ、多様な人とコミュニケーションをとりながら、新たな価値やビジョンを創造し、社会課題の解決を図っていくことのできる人材」

会議のメンバーたちは、自分自身をこんなスーパーマンのような人間だと自認しているのだろう。それはおくとして、高度な資本主義が覆ったこの世界で、日本の生産性向上に貢献できる担い手はこんな人だ、と政治家や大企業のトップ、キャリア官僚たちが考える人材の姿がここに、はっきりと描写されている。

かつて日本には農林水産業にたくさんの人が従事し、町工場の労働者、日常のさまざまな道具をつくる無数の分野の職人たちがいた。しかし、１９９０年代から円高の影響を受けて製造業は中国や東南アジアに移転した。農林水産業は輸入自由化をきっかけに退潮傾向をたどった。現在、教育未来創造会議の提言にもあるように、日本の産業においてはＩＴ人材が重宝され、数理処理能力や論理的思考力、問題発見力・解決力のある人材が求められている。

こうした経済社会の変化を概観すれば、要するにコミュニケーションが難しい人、集中できない人、勉強に難がある人は歓迎されないことが理解できる。そういう人を早期に見つけて「発達障害者」として分離する仕組みは、人間を「生産性がある人材」として見る彼らエリートたちの視点からすれば合理的で、社会的ニーズに符合しているということになる。

「特性がある人が追い詰められるのは、『ふつう』の側にいる人の意識のせいだ」――。もしこの命題で思考の歩みを止めてしまえば、「生きづらさ」は周りの人の意識の問題、いわば「気の持ちよう」に還元されてしまうことになる。取材班はそこで止《と》まらない。生きづらさの根源には高度な資本主義社会が横たわっていて、その社会で「役立ち」ながら生活していくために「ふつう」が私たちにすり込まれている。人材への要請と教育・社会システムは結びついていて、私たちに求められる「ふつう」のハードルは間違いなく高くなっている。令和の時代に「ふつう」であることは、とても難しいことなのだ。

かく言う私は、「大卒正社員」「男性の異性愛者」「健常者」といった「ふつう」の価値観に守られて生きてきた。取材班の記者たちの中にも「ふつう」はあり、それは容易に解体されないし、報道機関はむしろこの社会の秩序を補強する側にあるのだろう。だが、「ふつう」を凝視することは、社会の構造を問う態度につながる。そのきっかけは、生きづらさの語りを「聴く」ことから始まる。それが、取材班が身をもってたどり着いた差しあたりの終着点だった。

連載中にこんなことがあった。取材でお世話になった人から連絡があり、ある男性の話を聴いてあげてほしいという。彼は、『「ふつうって何ですか？」の取材班の人なら、きっと分かってくれるはず」と話しているという。

彼は発達の特性がある男性で、彼によると、子どもの頃に彼の身に起きたある出来事が、高校時代まで同級生との人間関係に影響していた。彼が自分を振り返る時、そのことは常にまとわりついてくる忌まわしい黒雲のようなものだと想像できた。

「つらかったですね」と私は言った。彼は電話の向こうで静かに泣いていた。そして、「記事にはしないでください」と言った。男性はこれまでその経験を誰にも聴いてもらえず、「聴く耳」を求めていた。

本書で見てきたように、発達障害に含まれる症状は幅広く、医師の診断には曖昧さが残る。特性ごとにグループ分けしてみたところで、人の生きづらさは千差万別だ。連載が始まってから、会社の中でも「私、発達障害なんです」と打ち明けてきた人が複数いたが、私は連載の経験を経て、この同僚たちを含む一人一人が多様であることを肌で感じられるようになった。みんな個性や特性があり、見た目に分からない生きづらさを感じている。人の内側には〝深い海〟があることを想像できるようになった。

人に対して「ふつう」という「冷たい定規」を当てはめないだけでなく、自分に対してもそうだ。自分のことを「ふつう」だと認めて安心するのをやめ、心の中で「健常であること」や「新聞社のデスク」といった自己認識を一つずつ剝がしてみる。すると、本当の自分が何者か分からなくなる。むしろそこから、自分の個人的な経験が捉え直され、個性や意思のか細い声が聞こえてくる気がする。

苦しい状態の中で、記者に生きづらさを話してくれた皆さんに心から感謝します。取材した記者たちは、皆さんの言葉を聴き、考え抜いて書いた経験を糧に、今後も取材活動をしていきます。私自身、これからも聴く仕事の奥深さを感じながら、生きづらさの語りを大切に伝える姿勢を大事にしたいと考えています。

連載は、小市昭夫取締役編集局長（現東京支社長）のもと、峯村健司報道部長（現総務局次長）が統括。松崎林太郎、中山有季、岡田理一、篠原光が取材し、鈴木宏尚がデスクを務めました。写真は禿《いなづか》弘樹、有賀史、中村桂吾、宮坂雅紀、見出しやレイアウトは市川健郎が担当しました。関連連載として5回掲載した「きらめく世界」は禿弘樹が文を書き、写真も撮影しました。畑谷史代論説委員にアドバイザーを依頼し、取材班に伴走してもらいました。一般社団法人信州親子塾の斎藤光代さん、高柳健さんのお二人には連載の準備段階から多くの示唆をいただきました。出版に際しては、松本大学の樋口一宗教授に教育制度についてご助言を頂きました。最後に岩波書店と、編集部の田中朋子さんに大変お世話になりました。

連載は、第28回新聞労連ジャーナリズム大賞の優秀賞を受賞しました。書籍化によって多くの方に手に取ってもらい、「発達障害者」が増えるこの特殊な現代社会を見つめ直す機会としていただけるならば、これに勝る喜びはありません。

2024年3月

「ふつうって何ですか？——発達障害と社会」取材班デスク
信濃毎日新聞社報道部次長　鈴木宏尚

信濃毎日新聞社編集局

信濃毎日新聞は1873(明治6)年7月創刊．販売部数37万9000部余，長野県内占有率74.9%(日本ABC協会レポート2024年4月新聞市郡別)．桐生悠々，風見章ら著名な言論人を多数輩出している．新聞連載の書籍化に，ともに新聞協会賞を受賞した『認知症と長寿社会——笑顔のままで』(講談社現代新書，2010年)，『検証・御嶽山噴火——火山と生きる　9.27から何を学ぶか』(信濃毎日新聞社，15年)，平和・協同ジャーナリスト基金賞大賞を受けた『記憶を拓く——信州 半島 世界』(信濃毎日新聞社，21年)，菊池寛賞受賞の『五色《いつついろ》のメビウス——「外国人」と ともにはたらき ともにいきる』(明石書店，22年)，『土の声を 「国策民営」リニアの現場から』(岩波書店，23年)などがある．

ルポ「ふつう」という檻—発達障害から見える日本の実像

2024年7月17日　第1刷発行
2024年9月25日　第2刷発行

著　者　信濃毎日新聞社編集局《しなのまいにちしんぶんしゃへんしゅうきょく》

発行者　坂本政謙

発行所　株式会社 岩波書店
〒101-8002 東京都千代田区一ツ橋2-5-5
電話案内 03-5210-4000
https://www.iwanami.co.jp/

印刷・三秀舎　製本・牧製本

ISBN 978-4-00-061646-1　　Printed in Japan

土の声を
「国策民営」リニアの現場から
信濃毎日新聞社編集局
四六判二五二頁
定価二六四〇円

再生
西鉄バスジャック事件からの編み直しの物語
山口由美子
四六判二一八頁
定価二二〇〇円

承認をひらく
——新・人権宣言
暉峻淑子
四六判二六四頁
定価二五三〇円

自助社会を終わらせる
——新たな社会的包摂のための提言
宮本太郎編
四六判三三四頁
定価二八六〇円

発達障害
思春期からのライフスキル
平岩幹男
岩波ジュニア新書
定価　八八〇円

生きづらい明治社会
——不安と競争の時代
松沢裕作
岩波ジュニア新書
定価　九六八円